ぶらり日帰りで、運気アップ！

御朱印さ

東海の寺社

御朱印を快くいただくための

心に留めておきたい

五カ条

一、寺社に敬意を払い、いわれを学ぶ

神社仏閣を参拝するときに心がけるとよいでしょう。その歴史や系統、宗派などを理解してこそ、意義深い御朱印となります。

二、参拝をすませてから御朱印をいただく

御朱印は観光記念スタンプではありません。参拝をまずすませるのがマナーです。おまいりせずに御朱印だけをいただいて帰るのはマナー違反です。

三、すべての寺社でいただけるとは限らない

無人の寺社では、御朱印をいただけないことも珍しくありません。書き手が多忙であったり不在の場合もあります。無理にお願いしてはいけません。

四、書き手によって印象や筆致が異なる

いつも同じ方が書かれるとは限りません。書き手が変われば、御朱印の印象は大きく変わります。期待通りの御朱印ではなくても一期一会の味わいです。

五、寺社とのコミュニケーションを大切に

神社やお寺と接するまたとない機会です。寺社の方とのコミュニケーションを通して神仏への理解が深まれば、寺社がもっと身近に感じられるはずです。

すてきな縁と結ばれ、心癒やされるおさんぽへ

なぜ人は御朱印に魅せられるのでしょう。
どうして御朱印集めがブームになっているのでしょう。

大胆かつ繊細な筆使いによる墨書と、
カラフルで個性的な押し印が織りなす世界観が、
日本人の美意識を刺激するからかもしれません。
数あるものを、できるだけ多く集めたいという、
コレクション魂をくすぐるからかもしれません。

でも、それだけではないような気がします。
それだけでは、老若男女をこれほど
惹きつける理由にはならないと思うのです。

さあ、御朱印に出合いに行こう！

御朱印の最大の魅力は、
仏様や神様とのつながりを
感じられること。

いくつか寺社をめぐるうちに、
境内の凛とした空気に癒やされ、
日常のストレスから解放され、
心の安らぎを感じられる瞬間が
あるはずです。

その感覚こそ、
仏様や神様を身近に感じられたということ。
参拝を通して神仏と縁を結べたということなのです。
御朱印はその証といえるでしょう。
皆様が本書を片手に神社仏閣を訪れ、
素敵な縁に恵まれますように。

伊賀八幡宮（→P127）随神門の前に広がる蓮池。写真：アフロ

御朱印さんぽ 東海の寺社

目次

御朱印を快くいただくための五カ条……1

すてきな縁と結ばれ、心癒やされるおさんぽへ……2

第1章 アートのような御朱印セレクション……6

第2章 はじめよう！ 御朱印集め 基本のキ

御朱印と御朱印帳……18

お寺と神社 御朱印に書かれていること……20

お寺の基本と参拝マナー……22

お寺の参拝マナーをおさらい……24

神社の基本と参拝マナー……26

神社の参拝マナーをおさらい……28

御朱印めぐり 知っておきたいQ&A……30

第3章 テーマでめぐる 御朱印

テーマ❶ 美しく印象的な筆さばき……36

テーマ❷ かわいい動物や植物コレクション……42

コラム

御朱印収集の達人・麒麟 川島明さんに聞きました！
気分スッキリ、お腹も満足 御朱印旅は最高のリフレッシュ……34

御朱印帳&便利グッズカタログ……76

これほしい！
ユニーク授与品コレクション……82

真如寺の住職に聞きました！
みんなが集う〝令和のお寺〟とは？……104

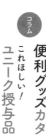

テーマ❸ 期間限定のプレミアム御朱印……46
テーマ❹ アートのような美しい一枚……52
テーマ❺ 個性的でユニークな御朱印……56
テーマ❻ 歴史上の人物に思いをはせて……60
テーマ❼ 花・紅葉の名所でいただく……68
テーマ❽ おまいりは目を奪う絶景とともに……72

第4章 ご利益でめぐる 御朱印

ご利益❶ 恋愛・縁結びに効く神社……84
ご利益❷ 金運・財運アップに効く寺社……88
ご利益❸ 学業・勝運を上げる神社……92
ご利益❹ 美容・健康に効く寺社……96
ご利益❺ 総合運などを上げる神社……100

第5章 運気アップ! ぐるっと御朱印 めぐり旅

お伊勢参り御朱印旅……106
世界遺産の聖地熊野三山御朱印ドライブ……116
犬山縁結びの三名所を御朱印ハシゴ……122
徳川家康公が生まれた岡崎でゆかりの社寺めぐり……126
岐阜親子三社参りで満願成就!……130
爽快な富士山麓世界遺産ドライブ……134
湯の町・熱海でぶらり御朱印集め……138
掲載一覧マップ&五十音順さくいん……142・144

本書の使い方

○各寺社の名称ならびに本尊や祭神などの表記は、寺社への取材に基づきます。そのため、同じご本尊やご祭神でも異なる表記の場合があります。
○ご本尊やご祭神は主なものを表記しました。
○各寺社の住所などデータの凡例は以下のとおりです。

…宗派(お寺の場合)
…山号(お寺の場合)
…ご本尊(お寺の場合)
…ご祭神(神社の場合)
…創建年
…本殿の建築様式
住…住所
交…最寄り駅からのアクセス
料…拝観料

○境内自由の寺社が多くありますが、開門・閉門時間が決まっている場合もあります。参拝時間の目安は9~16時です。御朱印がいただける寺務所や社務所の受付時間が決まっている寺社もあります。おでかけの際には、各寺社のホームページなどで事前にご確認ください。なお、例大祭や行事、法要、年末年始、お盆などの時期は御朱印がいただけないこともあります。
○本書記載の情報は2020年10月末日現在のものです。
○本書記載の御朱印、ならびに写真につきましては、すべて各寺社より掲載許可をいただいております。ブログやホームページなど、電子データを含む無断転載は固くお断りいたします。

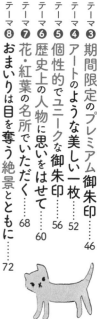

2月10日～3月10日限定頒布
早春を彩る河津桜を華やかに表現

期間限定

河津桜まつり（2月10日～3月10日）限定
右の字……令和三年 河津桜まつり 桜咲無心
左の字……かっぱの寺栖足寺
右の印……仏法僧宝（三宝印）
左の印……栖足禅寺

第1章 アートのような 御朱印セレクション

数ある御朱印のなかから、ひと目で見る者の心を奪い、強く印象に残るアーティスティックなものを10寺社厳選。あなたを御朱印の虜にします。

栖足寺《せいそくじ》 静岡

→P55

河童伝説の残る栖足寺は、数え切れないほどバラエティ豊かな御朱印を用意しています。キュウリを掲げた河童や、御本尊の釈迦牟尼仏をデザインした見開きの通常御朱印のほか、江戸時代の版木を用いて観音様をカラフルに三面で描いた御朱印など、どれもとてもアーティスティック。特に、早咲き

右の字……疫病退散　心身安穏
中央の字……御詠歌
左の字……鳳儀山 創建一三一九年　栖足寺
左の印……上・仏法僧宝(三宝印)　下・栖足禅寺

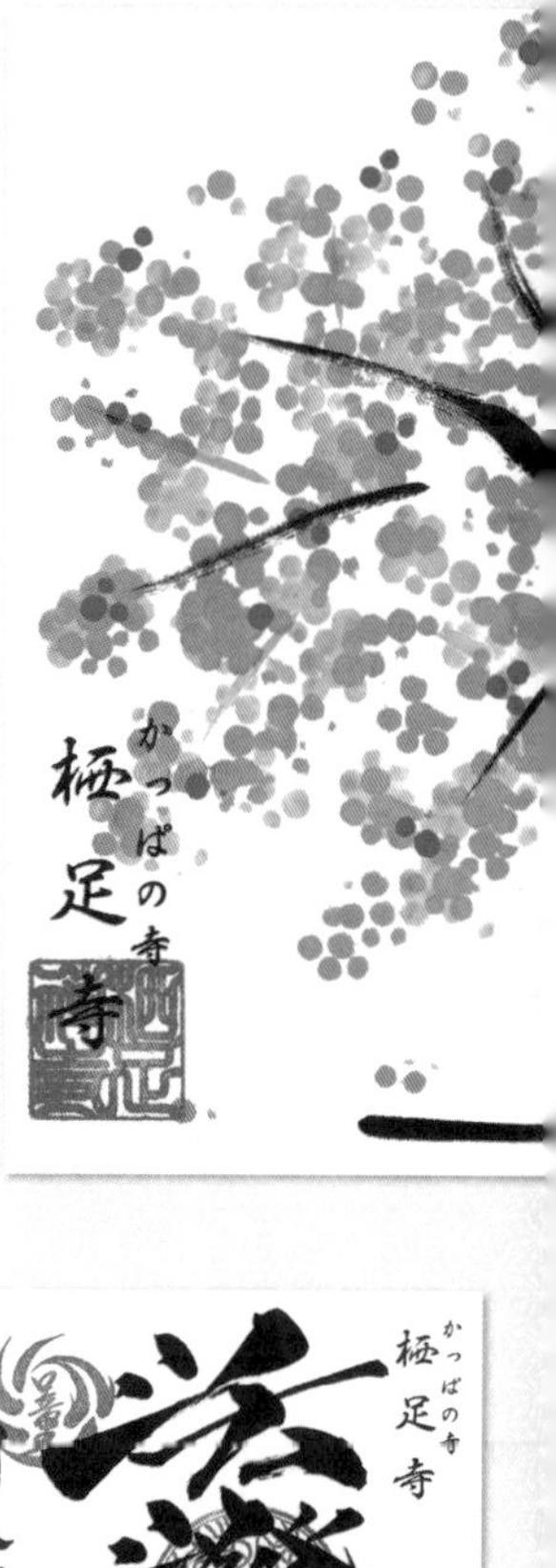

右の字……かっぱの寺栖足寺
河童寺　活潑潑地
右の印……河童龜
右中の印……仏法僧宝(三宝印)
中央の印……上・河童 下・栖足禅寺
左の印……胡瓜封じ 鳳儀山栖足寺
鳳儀山栖足寺　栖足禅寺

右の字……上・奉拝　下・河童寺
右中の字……釈迦牟尼仏
左の字……栖足寺 本尊 釈迦牟尼仏 坐像
右の印……河童龜
右中の印……仏法僧宝(三宝院)
右下の印……栖足禅寺
中央の印……河童
左の印……栖足禅寺

で知られる河津桜の開花期間にしかいただけない限定御朱印は大人気です。毎年デザインが変わるうえに、この時期限定の御朱印帳も販売されるので、毎年訪れるファンもいるそうです。

見る人を一瞬で魅了する アーティストとのコラボ御朱印

右の字……御祈祷　令和二年
中央の字…和顔愛語
左の字……穏やかな笑顔と
優しい言葉で
来福の永福寺
右の印……仏法僧宝(三宝印)
左の印……来福之永福寺

右の字……御祈祷 令和二年
中央の字…和顔愛語
左の字……御仏はどこにおはすと尋ぬるに
尋ぬる人の胸のあたりに　来福の永福寺
右の印……仏法僧宝(三宝印)
左の印……来福之永福寺

永福寺《えいふくじ》

静岡

↓P55

ひと目見ただけで、ほんわかと温かい気持ちになれる見開きの御朱印は、浜松市在住のイラストレーター・えだむらかつみさんの作品。柔らかなタッチで描かれる人物に、えだむらさんの詩を添えて愛と感謝を伝える内容になっています。「和顔愛語」というのは、大乗仏教の経典にある言葉で、「穏やかな笑顔と思いやりのある話し方で人に接すること」を示しています。

アーティスティック

右の字……奉拝
中央の字……ありがとう　感謝
左の字……来福の永福寺
右の印……仏法僧宝（三宝印）
左の印……来福之永福寺

右の字……奉拝
左の字……一灯照一隅　来福之永福寺
右の印……観音様　仏法僧宝（三宝印）
左の印……永福観世音
来福之永福寺

左の字……来福の永福寺
右の印……永福観世音　仏法僧宝（三宝印）
中央の印…観音様 今日の一日が君にとって
あたたかなものでありますように
大切な君が嬉しい日も悲しい日も
いつも見守られていると
感じられますように
左の印……来福之永福寺

また、斎灯サトルさんが描いた本堂の龍の天井画をイラスト化した、御朱印帳4面分の御朱印も軽やかな筆さばきで素敵です。

お題目を線として用いた精緻なデザインに脱帽!

カラフル

右の字……奉拝
中央の字…上・南無妙法蓮華経　四天王とお経文
大日天王　大月天王
下・常放大光明具足諸神通名聞遍十方壹切之所敬
左の字……妙富山法蔵寺
中央の印…法蔵寺　顕壽院　日正　花押

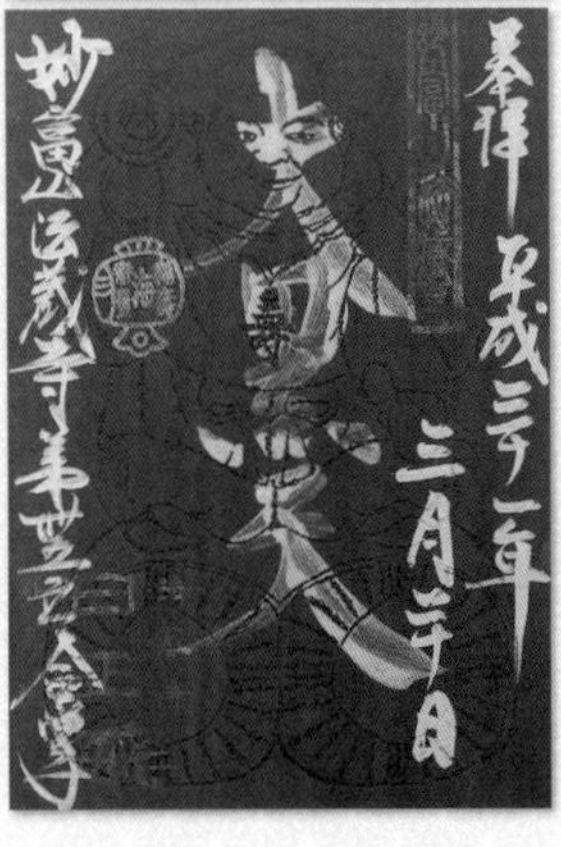

右の字……奉拝
中央の字…大黒天　お題目で書かれた大黒天
左の字……妙富山法蔵寺第四五世　合掌
右の印……妙富山法蔵寺
左の印……上・福寿海聚量
下・法蔵寺　顕壽院　日正　花押

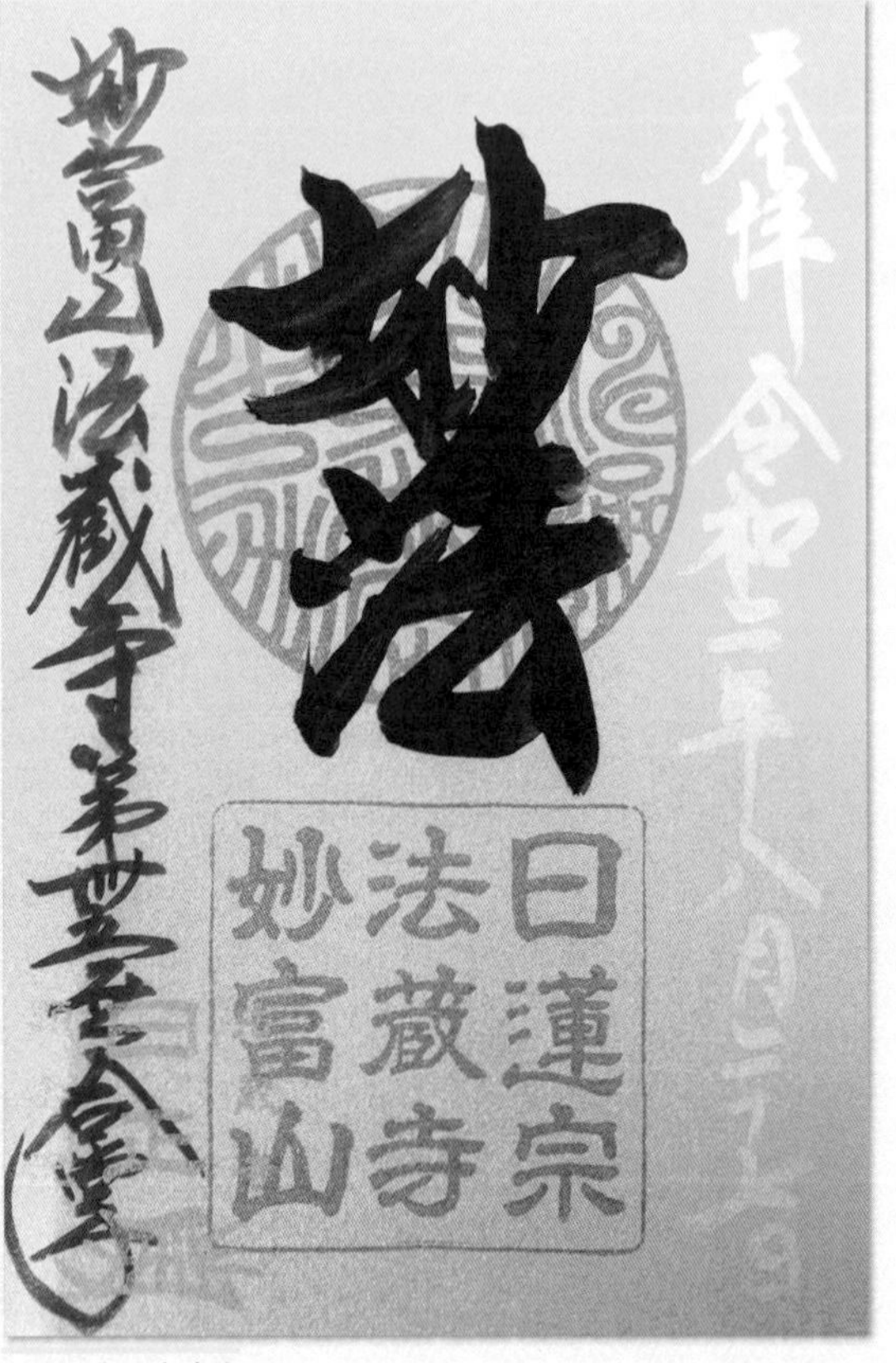

右の字……奉拝
中央の字…妙法
左の字……妙富山法蔵寺
第四五世 合掌
中央の印…上・如来秘密神通之力
下・日蓮宗法蔵寺
妙富山
左の印……法蔵寺　顕壽院
日正　花押

法蔵寺《ほうぞうじ》

静岡

→P54

法蔵寺では、最近増えてきた金紙の御朱印帳に対応した御朱印も用意しています。金に映えるさまざまな色のインクをご用意してくださっているので、とても華やかです。また、2回目以降の参拝でいただける書き置きの御朱印もカラフル。十二天を構成する大日天王と大月天王をモチーフにした赤い御朱印は、お題目で渦のような模様をデザイン。さらに、黒い御朱印は、大黒天のお姿をすべてお題目で描くなど、超精巧なデザインです。

バリエーションいろいろ

運と縁とタイミングに導かれ8種揃えれば特別御朱印がもらえる!?

右の字……十一面観世音
左の字……上:感謝　下:釣徳寺
左の印……上:牧之原片浜観世音霊場　下:曹洞宗海上山釣徳寺

●釣徳寺《ちょうとくじ》

静岡

→P51

住職は御朱印について「運とご縁とタイミング」だと強調します。通常8種の御朱印を用意していますが、一度にいただけるのは1種類だけ。それも、その日どの御朱印をいただけるかは指定できません。コロナ禍の現在は郵送対応していますが、通常はその場で描いていただくので時間もかかります。頒布日も不定なので、参拝に行けば必ずいただけるわけでもないのです。それでも、この芸術性の高さで、多くの御朱印ファンを虜にしています。

左の字……釣徳寺
右の印……キャ(梵字)十一面観音
中央の印…仏法僧宝(三宝印)　悲体戒雷震　慈意妙大雲　樹甘露法雨　滅除煩悩焔
左の印……上:牧之原片浜観世音霊場　下:曹洞宗海上山釣徳

左右の字…面壁九年
左の字……釣徳寺
右の印……仏法僧宝(三宝印)
左の印……上:牧之原片浜観世音霊場　下:曹洞宗海上山釣徳寺

かわいい ミニ御朱印

しっかり書き込まれたミニ御朱印は小さくて、繊細で、とてもかわいい!

右の字……奉拝
中央の字……倭姫命の定めし神領地　流れ流され三十余年
住民大いに困窮し　万度の祓いを執り行い
神宮大麻を差したれば　川瀬変じて田畑となる
以って肥沃な大地となり　住民歓喜し奉祝す
左の字……若宮神明社
右の印……上:社紋(花菱)　下:尾張奥村
中央の印……神宮遥拝
左の印……若宮神明社印
中央の絵……万度御祓社のご由緒

右の字……真夏の願い
左の字……右:濃尾大花火　左:若宮神明社
右の印……社紋(花菱)
左の印……若宮神明社印
中央の絵……濃尾大花火

右の字……錦秋の願い
左の字……右:秋詣　左:若宮神明社
右の印……社紋(花菱)
左の印……若宮神明社印
中央の絵……紅葉と錦鯉

若宮神明社《わかみやしんめいしゃ》

愛知

→P46

若宮神明社では、かわいくて持ち運びしやすいミニ御朱印帳を販売。それにともない、ミニ御朱印の直書き授与もされています。小さな消しゴムはんこや細い筆を駆使して丁寧に仕上げるミニ御朱印は全6種類。なかでも、決壊を繰り返す木曽川を万度祓《まんどばらい》と神宮大麻《じんぐうたいま》の奉斎により鎮めたという神社のご由緒を、3面にわたって描いたミニ御朱印は圧巻。地域に根ざした神社の歴史も学べる素晴らしい御朱印です。

芸術家の作品

雅楽奏者で、神職でもある日本画家 フジイフランソワの世界へ

右の字……右・繁栄の神様
左・延喜式内尾張山田郡十九社
中央の字…別小江神社
左の字……奉拝
中央の印…別小江神社之印
中央の絵…神功皇后

セットでコレクション3つ！

同じ絵柄の御朱印帳も人気です。大判サイズで1500円

御朱印帳を納める巾着袋1000円。大事な御朱印と御朱印帳をお守りします

愛知 別小江神社《わけおえじんじゃ》

→P50

江戸時代の絵師、伊藤若沖《じゃくちゅう》や円山《まるやま》応挙《おうきょ》、長沢芦雪《ながさわろせつ》を彷彿とさせる独特の世界観を表し、豊田市美術館にも作品が所蔵される日本画家、フジイフランソワ。雅楽奏者でもあることから、縁あって別小江神社にて神職の資格を取得。神功皇后《じんぐうこうごう》が応神《おうじん》天皇をお産みになる際の安産の石を祀ったという別小江神社の伝説をモチーフに、オリジナルの御朱印を描きました。同じ絵柄の御朱印帳や巾着袋もお揃いでどうぞ。

期間限定

シリーズで揃えたくなる！
月の満月を愛でる兎の朱印

右の字……上・奉拝　下・月のテーマ(6月は苺月、7月は牡鹿月、8月はチョウザメ月、9月は収穫月)
中央の印……上・三輪神社 下・各月の印

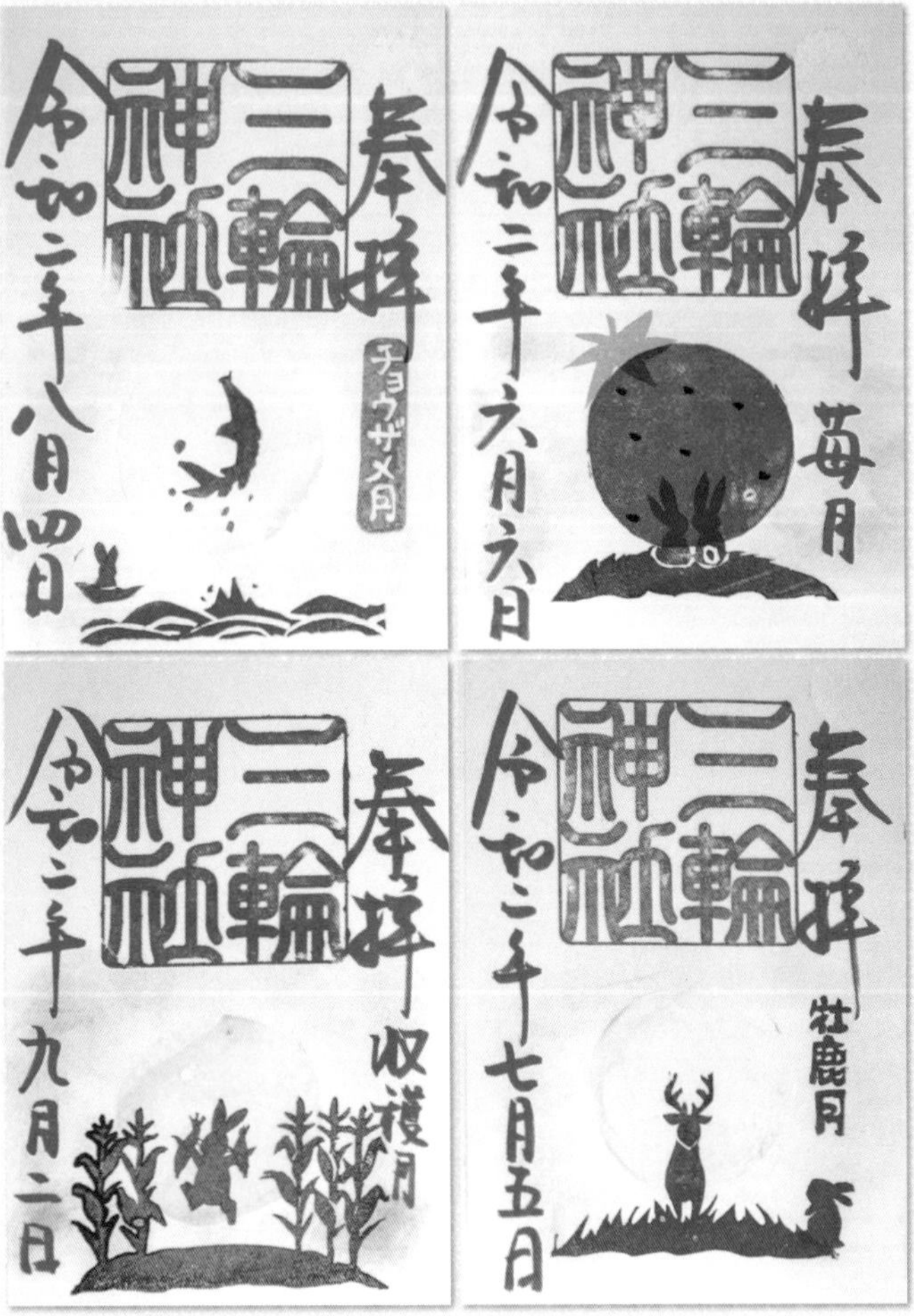

三輪神社《みわじんじゃ》

愛知

→P45

女性宮司らしい感性で発案した御朱印が人気の神社です。季節の風物、日本古来の伝統や文化の御朱印など、カラフルな御朱印は月替わり。迷うほど種類はありますが、集めたくなるのが、毎月、満月となる1日だけに授与される御朱印です。アメリカ先住民の6月の満月の呼び名から「ストロベリームーン」、雄鹿の角が生え替わる時期である7月は「バックムーン」と、月ごとのテーマと図案がステキです！

バリエーションいろいろ

専属の絵師が図案から考案して描く どこかポップでユニークな御朱印

右の字……光徳山太聖寺
中央の字…旅、行こう!!
左の字……上・奉拝　下・地蔵菩薩
右の印……華厳宗太聖寺
左の印……上・大聖　下・華厳宗光徳山太聖寺
中央の絵…お出かけする地蔵菩薩と子(干支)

右の字……上・奉拝　中・盧舎那佛　下・光徳山太聖寺
右の印……上・大聖　中・華厳宗光徳山太聖寺　下・華厳宗太聖寺
中央の絵…麒麟

右の字……光徳山太聖寺
右の印……華厳宗太聖寺
中央の絵…天女

●太聖寺《たいしょうじ》 愛知

→P52

太聖寺では3名の絵師がそれぞれの図案を用意して、そのなかから好みの御朱印を選んでいただくスタイルです。ここでは絵師のひとり、李《りー》さんのご朱印を紹介します（ほかふたりの御朱印はP52）。李さんは中国で絵の勉強をされていて、豊かな色彩とポップなタッチが印象的です。かわいい地蔵菩薩、母性あふれる天女、カッコいい幻獣は、いずれも人気のシリーズ。毎月、新作も登場しますのでお楽しみに！

期間限定

お釈迦様の教えを絵に込めた 季節の見開き御朱印が人気です

宝寿院《ほうじゅいん》

愛知

→P45

ご住職が描く季節の絵御朱印は、仏の教えをほのぼのとしたタッチで表現されています。例えば、秋のお彼岸の御朱印では、お釈迦様の教えを舟として、彼岸＝煩悩に打ち勝ち悟りの境地へ達する歩みを表現。また、佛心の御朱印では、円満で夜闇を照らす満月に仏様を重ね、他者を思いやる慈悲の心を説いています。そんな教えや意味を、ご住職より伺えるのも御朱印の魅力のひとつです。

右の字……奉拝
中央の字…秋のお彼岸
左の字……宝寿院
右の印……尾張津島元神宮寺
左の印……上:バイ(梵字)薬師如来
下:牛頭山宝寿院
中央の絵…彼岸に渡る地蔵菩薩

右の字……奉拝
中央の字…上:バイ(梵字)下:薬師如来
左の字……上:佛心 下:宝寿院
右の印……尾張津島元神宮寺
中央の印……薬壺(薬師如来のシンボル)
左の印……牛頭山宝寿院
中央の絵…満月に重ねる仏様と兎の姿

親子構図

凛とした御影と、ほんわかした御影 副住職が描く二対の絵入り御朱印を

護国之寺《ごこくしじ》

岐阜

→P50

美しい御影の御朱印を描くのは、護国之寺の副住職で、仏師としても活躍される廣瀬有香さん。仏像の制作や修復を請け負う傍ら、ご本尊の十一面千手観音菩薩や霊廟内の大日如来を御朱印で表現されます。御朱印は同じ構図で「凛」と「ほんわか」の2種類があり、凛は文字通り凛々しいお姿を、ほんわかはご自身の娘さんをモチーフにされた心和む一枚に。二枚セットでいただきましょう。

右の字……奉拝
左の字……護国之寺
左の印……雄総山護国之寺之印
中央の絵…十一面千手観音菩薩

右の字……奉拝
左の字……護国之寺
左の印……雄総山護国之寺之印
中央の絵…十一面千手観音菩薩

第2章

はじめよう！

御朱印集めの基本のキ

御朱印ってなに？　お寺と神社ってなにが違うの？　そんな御朱印ビギナーもご安心を。これを読めば、知っておきたいノウハウとマナーがわかります。

御朱印と御朱印帳

御朱印はいつどこでどのようにはじまり、いつ頃今のような形になったのか。まずは御朱印の歴史と意味を学びましょう。

もともとは納経帳！

御朱印は、巡礼者が書き写した経文をお寺に納めた際の受取印としてはじまったという説が有力です。

表紙
多くの寺社ではオリジナルデザインの御朱印帳を用意しています。寺紋や社殿などモチーフはさまざまです

墨《すみ》書《しょ》・押し印
墨で書かれた文字が墨書、朱色の印が押し印。墨書が金色だったり、押し印が多色だったりする場合も

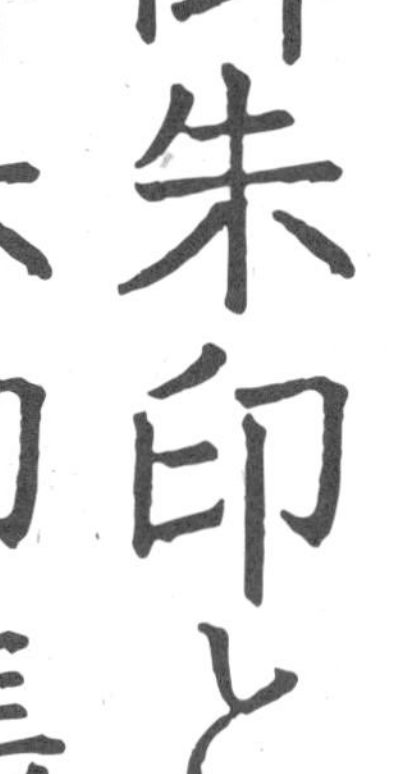

仏様や神様との絆

納経を行う人も機会も減り、明治時代になると神社でも御朱印を授与するようになるなど、御朱印が本来持つ「納経印」としての意味は薄れてきました。ただ、それでも神社仏閣を訪れ、心から参拝した証として御朱印をいただくことの価値までは失われません。御朱印をいただけば、そのときの参拝の思い出は長く心に残ります。御朱印は、神仏との縁を結んでくれるアイテムなのです。

このため、いまでも御朱印のことを「納経印」と呼ぶ場合もあります。印刷技術のなかった時代には、経典を書き写すことで功徳を積み、それをお寺に納めれば現世の安穏を得られると考えられていました。納経は平安時代末期から盛んになり、江戸時代後期には納経をしなくても御朱印が授与されるようになったといいます。

一期一会の出会い

本書ではたくさんの御朱印を紹介していますが、みなさんが実際に寺社に行っても、まったく同じものはいただけません。御朱印は、そのときいらっしゃる神職や住職による手書きが基本。書き手によって墨書に個性が現れ、押し印の位置も微妙に異なるのです。出会いが紡ぐ、世界でひとつだけのもの。これも御朱印の魅力です。

蛇《じゃ》腹《ばら》折り

多くの御朱印帳は蛇腹折りでできています。サイズは縦16×横11cmが一般的ですが、大判タイプの18×12cmもあります。最近は通常サイズの倍、見開きサイズの御朱印帳も増えています。

一生ものの趣味としてブームに

御朱印が一般的な人にまで知れ渡ると、巡礼を伴わないスタイルが誕生します。2010年代中頃にはパワースポットブームなどと結びつき、御朱印集めを趣味とする人が急増。旅行の合間などに手軽にできることも受けて、大ブームとなっています。

御朱印に書かれていること

墨書や押し印には、奥深い意味が込められています。知れば楽しみ倍増。不明点は寺社の方にたずねてみましょう。

押し印
そのお寺を象徴する固有の印や、三宝印、本尊を梵字で表した御宝印などが押されます

お寺でいただく御朱印の一例

地名が入ることも
お寺によっては地名などが書かれる場合もあります

奉拝《ほうはい》・参拝《さんぱい》
「謹んで拝します」という意味です。右上には札所霊場やお寺の通称などを示す朱印が押されることもあります

寺号《じごう》
お寺の名称が書かれます。山号が併記される場合もあります

お寺の押し印
お寺の名称を表した印が押されます

おまいりした年月日
参拝した年月日が書かれます

本尊名やお堂の名称
中央には祀られている本尊の名前や、お堂の名前が書かれています

神社でいただく御朱印の一例

アピールポイントのあるものも!

神社によっては特徴が書かれたり、印が押されたりする場合があります

地名が入ることも

神社の所在地や地名などが書かれる場合もあります

奉拝《ほうはい》・参拝《さんぱい》

謹んで拝します、という意味です。通常は右上に書かれる場合が多いようです

神社の押し印

神社の名称を表した印が押されます

おまいりした年月日

参拝した年月日が書かれます

神社名

中央には神社の名称が書かれます。祀っている神様の名前の場合もあります

さまざまな押し印

祀られている神様に由来する印や、神社の名物、境内の植物などをかたどった印です。社紋が押される場合もあります

お寺の基本と参拝マナー

仏教とお寺は当たり前のように日本人の生活に溶け込んでいるのに、その歴史や宗派などについては知らないことばかり。ちょっとだけでも事前に勉強しておけば、おまいりがより豊かで楽しくなるでしょう。

お寺はどのようにはじまったの？

いうまでもなく、お寺は仏教の出家者が修行するための施設です。仏教は紀元前5世紀頃に、インドの釈迦によって説かれました。当初はお寺も経文もありませんでしたが、出家者が増えるとともに自然発生的に生まれたようです。

中国を経て日本に仏教が伝わったのは飛鳥時代。聖徳太子など時の権力者によって保護され、聖武《しょうむ》天皇によって全国に国分寺が建立されると、お寺は「国家の安泰を祈願する場」となりました。平安時代に最澄と空海が現れ新しい宗派を開くと、その後もさまざまな宗派が生まれ、お寺も全国のすみずみにまで建立されました。

仏様のグループ分け

お寺でよく見る仏様は大きく4つのグループに分けられ、序列を守ったそれぞれの役割を果たしています。最高ランクは、悟りの境地を開いた仏様「如来《にょらい》」。続いて、如来になることが約束され、人々を救済する「菩《ぼ》薩《さつ》」。如来に背くと怒りの力で正しい道に導く「明王《みょうおう》」、最後は仏様やその教えを守り、現世利益をもたらすとされる「天部《てんぶ》」です

日本仏教のキーパーソン

最澄《さいちょう》

平安時代の僧。中国に渡って仏教を学び、帰国後に比叡山延暦寺を建てて天台宗を開きました

空海《くうかい》

最澄と同じく遣唐使として中国に渡った後に、高野山を拠点に真言宗を開きました。尊称は弘法大師

どんな宗派があるの？

天台宗、真言宗は現世利益を得ることに熱心だった貴族階級に支持されました。やがて貴族の支配力が衰え社会が不安定になると、来世の幸せを願う浄土信仰を柱とした宗派が流行します。さらに武士の世になると個人の救済を念頭に置いた禅宗が広まりました。このように、時代の情勢に合わせて多くの宗派が生まれてきたのです。

代表的な13宗派を知ろう！

華《け》厳《ごん》宗《しゅう》　中国で杜順（とじゅん）が確立した宗派。日本には天平8年（736）伝来。本山は奈良の東大寺

法《ほっ》相《そう》宗《しゅう》　インドから唐に帰国した玄奘（げんじょう）の弟子・基（き）が開祖。法興寺を拠点に広まりました

律《りっ》宗《しゅう》　戒律の研究と実践を行う宗派。日本には鑑真が伝え、唐招提寺で戒律研究に専念しました

真《しん》言《ごん》宗《しゅう》　日本で生まれた宗派の一つ。密教を基盤とし、大日如来がすべての根本という考えです

天《てん》台《だい》宗《しゅう》　法華経が経典のため天台法華宗とも呼ばれます。多くの日本仏教の土台となっています

日《にち》蓮《れん》宗《しゅう》　鎌倉時代に日蓮によって開かれました。「南無妙法蓮華経」と唱えれば救われるという教えです

浄《じょう》土《ど》宗《しゅう》　法然（ほうねん）を開祖とする鎌倉仏教の一つ。修行は否定し、念仏を唱えることを重視

浄《じょう》土《ど》真《しん》宗《しゅう》　鎌倉時代の僧・親鸞（しんらん）とその門弟たちが浄土宗の教えを発展。本尊は阿弥陀如来です

融《ゆう》通《ずう》念《ねん》仏《ぶつ》宗《しゅう》　天台宗の僧侶・良忍が阿弥陀如来から仏の道に至る方法を授かり開宗。大念佛寺が総本山です

時《じ》宗《しゅう》　鎌倉仏教の一つで開祖は一遍。本山は神奈川県藤沢市にある清浄光寺。本尊は阿弥陀如来です

曹《そう》洞《とう》宗《しゅう》　禅宗の一つで、日本においては鎌倉時代に道元（どうげん）によってはじまりました。本尊はお釈迦様

臨《りん》済《ざい》宗《しゅう》　鎌倉時代に栄西によってもたらされた禅宗の一派。経典にも本尊にも定めがありません

黄《おう》檗《ばく》宗《しゅう》　江戸時代にはじまった禅宗。教義や修行についての考え方は臨済宗を基にしています

境内にあるものCheck！

山《さん》門《もん》

元々、お寺は山にあったことから、お寺の門を山門と呼びます。禅寺では三門と書きます。

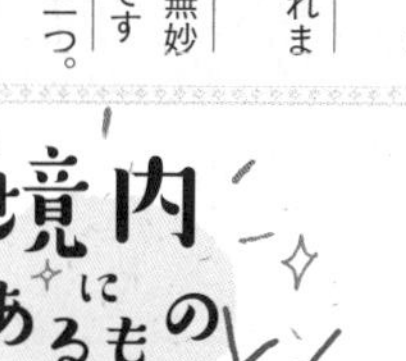

仏《ぶつ》堂《どう》

仏像を安置し、礼拝する建物の総称。ご本尊を祀る仏堂は「本堂」、「金堂（こんどう）」とも

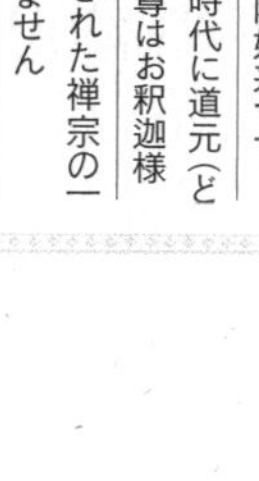

塔《とう》

仏塔のルーツは釈迦の遺骨や遺髪（仏舎利）を納めて祀った古代インドのストゥーパです

線《せん》香《こう》台《だい》

お堂の前に線香台があるお寺では、おまいりの際に線香をお供えして周囲を清めましょう

講《こう》堂《どう》

僧侶が経典の講義や説教、儀式などを行うための建物。禅宗では法堂（はっとう）と呼びます

鐘《しょう》楼《ろう》

梵鐘（ぼんしょう）を吊るした建物のこと。お寺によっては山門と一体化している場合も

おまいりの前に！ 参拝マナーをおさらい

御朱印集めをはじめるなら、きちんと知っておきたいのが参拝手順。境内には、本尊を祀る本堂や開祖を祀るお堂など、さまざまな建物があります。宗派によって異なる部分もありますが、一般的な参拝順序を知っておくことは大切です。

1 門をくぐって仏域に入る

山門と向かい合い、一礼してから門をくぐります。菅笠《すげがさ》以外の帽子、サングラスなどはここではずしましょう。退出する際にも一礼を。

マナー
1 門をくぐる前に一礼を

【境内のようす】

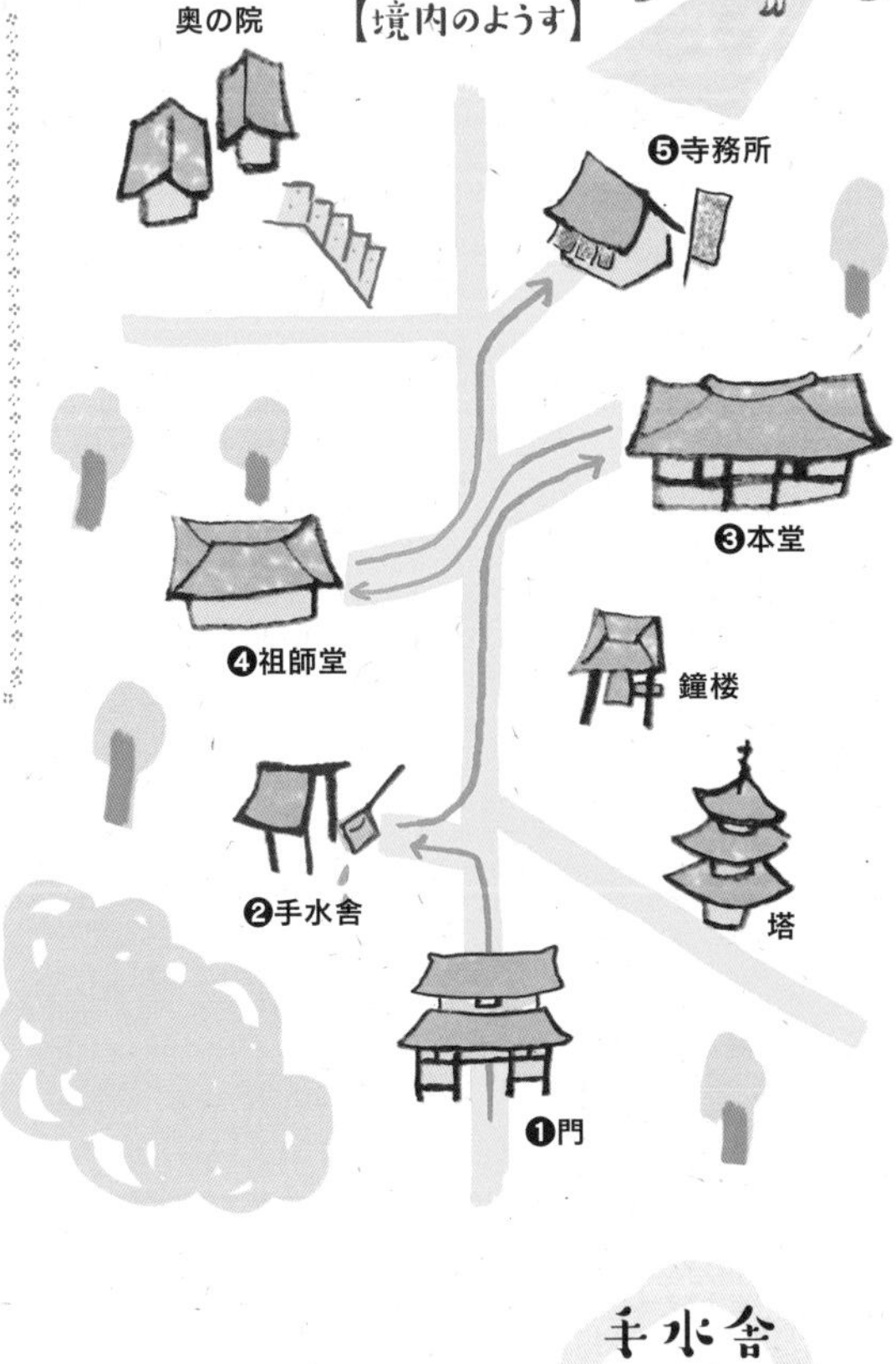

2 手水舎《ちょうずや》で身を清める

仏様の前へ出る前に身の穢れを清めます。巡礼で輪袈裟《わげさ》や念珠を身に着ける場合は、ここで身を清めてから整えます。

手水舎での手順

左手を洗う → 右手を洗う → 左手で水を受け、口をすすぐ → もう一度、左手を洗う → 残った水を柄杓《ひしゃく》の柄に流して清める

3 本尊におまいりする

最初に本尊が祀られている本堂をおまいり。姿勢を正し合掌して一礼。本尊の真言や題目などが掲示されている場合は唱えるといいでしょう。

4 お堂におまいりする

宗派を開いた開祖などが祀られたお堂があれば、本堂の次におまいりします。「大師堂」「祖師堂」など宗派によって呼び方が異なります。

合掌《がっしょう》の仕方

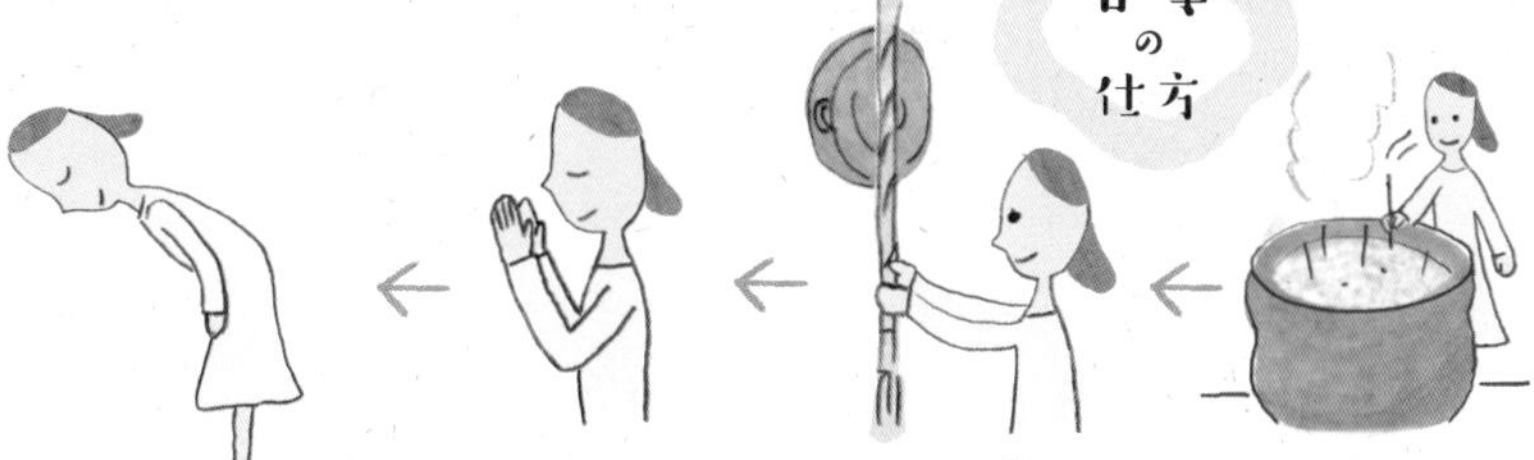
線香やろうそくをお供えする
一礼し鰐口《わにくち》があれば鳴らす
手を合わせ仏様と対話する
最後に一礼を

マナー

❶ お賽銭は遠くから投げないように
❷ 鰐口などはお賽銭の後に鳴らしましょう
❸ 柏手を打たないようにします

5 寺務所で御朱印をいただく

参拝後に寺務所で御朱印をいただくのが基本ですが、参拝前に御朱印帳を預かるお寺もあります。御朱印帳には記名し、取り違えないように注意しましょう。

その場だったり、別の場所だったり、書いていただくところはお寺によってさまざま
両手でありがたくいただく

マナー

❶ 小銭を用意しておきましょう
❷ 御朱印帳のカバーなどを外しておきます
❸ 書いていただいている間は静かに待機

神社の基本と参拝マナー

神社は日本人の心の拠りどころといってもいい場所です。とくに信心深くなくても、境内に入れば敬虔な気持ちになってしまいます。その歴史や多様性を知れば、もっと興味が湧いてくるはず。

神社はどのようにはじまったの？

豊かな自然に恵まれている日本において、自然は神そのものでした。古代の日本人は、恵みをもたらし、ときに災害を起こす森羅万象に神が宿っていると考えたのです。そうした神々を祀るにふさわしい場所を選んで神坐を設け、神々を招き、また戻ってきてもらうための神事を行うようになったのが神社のはじまりです。

飛鳥時代には中国の寺院建築の影響を受け、聖域に大規模な神殿が建てられるようになりました。ただし、今も奈良県の大神《おおみわ》神社や長野県の諏訪大社のような古社のなかには、本殿がなく山や木そのものがご神体という場合もあります。

どんな神様がいるの？

日本の神話のほとんどは『古事記』や『日本書紀』などによって伝わっています。日本神話に登場する神様は、高天原《たかまがはら》に住む天《あま》津神《つかみ》と土着の国津神《くにつかみ》に分類されます。中世以降、武士に信仰されたのが八幡神。江戸時代には商売繁盛の神とされる稲荷様の信仰も盛んになりました。

『古事記』に登場する主な神様

伊弉《いざ》諾尊《なぎのみこと》

高天原の神々に命じられて矛で海をかき回し、できあがった島で伊弉冉尊と結婚。これが日本の元になりました

伊弉《いざ》冉尊《なみのみこと》

伊弉諾尊の妹であり妻。日本国土を形作る多数の神々を産みました。創造神として信仰されています

天照《あまてらす》大神《おおみかみ》

月読命（つきよみのみこと）、素盞嗚命と並び、伊弉諾尊が産んだ三貴子のひとり。皇室の祖神で日本人の総氏神

素盞《すさ》嗚命《のおのみこと》

高天原から出雲に下ると八岐大蛇を退治しました。日本神話の代表的神格で出雲神話の祖神とされています

大国《おおくに》主命《ぬしのみこと》

素盞嗚命の子孫で出雲大社の祭神。天照大神に国土を献上したことから国譲りの神とも呼ばれています

お社の形にも注目！

本殿の建築様式は、いくつかの種類に分けられます。代表的なのは伊勢神宮の「神明造」と出雲大社の「大社造」。どちらも定期的に建て替えるので、創建当初とほぼ変わらない姿です。ほとんどの様式に通じるのは、屋根に妻があり、瓦と土壁を用いないこと。

神《しん》明《めい》造《づくり》

屋根が反っていないため直線的な外観なのが特徴。伊勢神宮の様式はとくに唯一神明造といいます

大《たい》社《しゃ》造《づくり》

建物はほぼ正方形。屋根に優美な曲線が与えられているのと、入口が向かって右にあるのが特徴です

権《ごん》現《げん》造《づくり》

発祥は元和3年（1617）創建の久能山東照宮です。本殿と拝殿の間を別棟の中殿で連結しています

流《ながれ》造《づくり》

全国でもっとも多い本殿形式。屋根の前のほうが長く伸びていて向拝（こうはい）を覆っているのが特徴です

境内にあるものもCheck!

鳥《とり》居《い》

人間界と神界を隔てるのが役割。くぐったら神様の通り道である真ん中は歩かないように

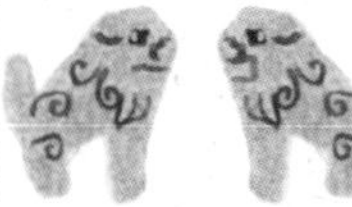

狛《こま》犬《いぬ》

日本にだけ見られる霊獣。魔除けや神様を守護します。2つで一対の「阿吽」が基本です

手《ちょう》水《ず》舎《や》

聖域に入る前に手や口、肉体についた穢れや邪気を祓い清める場所で、「水盤舎」「御水屋」とも

拝《はい》殿《でん》

本殿の前にあり神職が祭祀をし、参拝者がおまいりをする場で、人間のための建物です

本《ほん》殿《でん》

ご神体を祀る神殿。瑞垣などで覆われ、内部は見えにくい構造になっているのが一般的

摂《せっ》社《しゃ》・末《まっ》社《しゃ》

境内に立つ小規模な社で、主祭神と縁の深い神様を祀っているのが摂社、それ以外が末社

おまいりの前に！ 参拝マナーをおさらい

参拝の際、大切なのは感謝の気持ちとマナー。御朱印集めはスタンプラリーではありません。身を清め、正しい参拝手順で、気持ちよく神様と会話してから御朱印をいただきましょう。少しの知識で、御朱印と神様が幸運を運んでくれます。

1 鳥居をくぐって神域に入る

近道がある場合でも、きちんと鳥居の下をくぐって神域へ向かいます。中央は神様の通り道なので、参拝者は左右どちらかへ寄りましょう。

マナー
❶鳥居の前では一礼を
❷参道は中央を歩かないようにしましょう

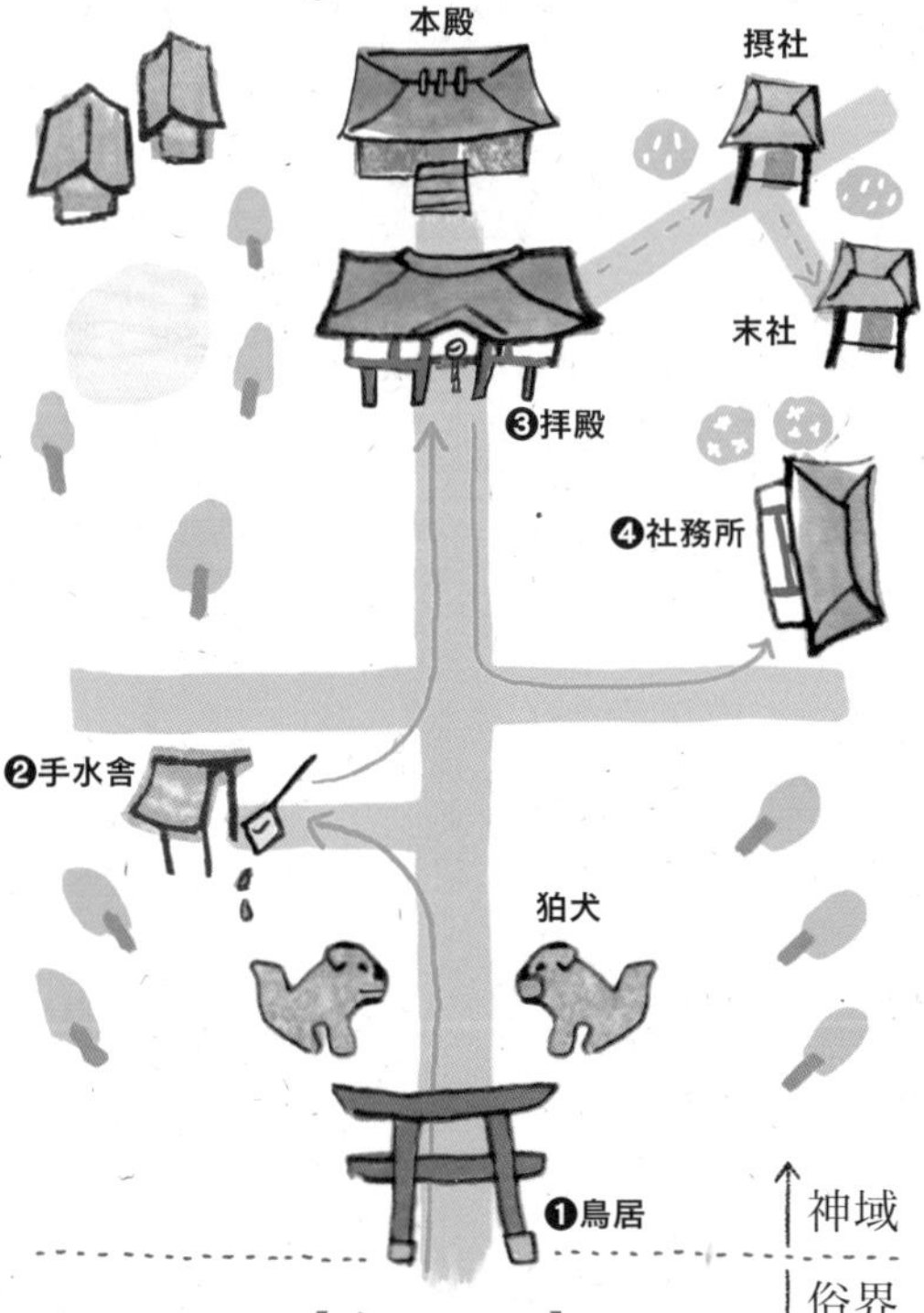

【境内のようす】

2 手水舎《ちょうずや》で身を清める

鳥居をくぐったら手水舎へ向かいます。神様の前へ出る前に身の穢れを清めましょう。沐浴など「禊《みそぎ》」の儀式を簡略化したのが手水舎での手順です。具体的な手順はお寺（→P24）と一緒。丁寧に行いましょう。

注連縄は神域の入口

白い紙垂《しで》をつけた縄。天照大神が天岩戸《あまのいわと》から出た際、二度と天岩戸に入れないよう太《ふと》玉命《たまのみこと》という神様が注連縄で戸を塞いだのが起源とされます。

3 拝殿で神様と対話する

鈴があれば静かに1回鳴らし、お賽銭を納めてから二拝二拍手一拝。願い事がある場合は二拍手の後に心のなかで念じるようにしましょう。

マナー

❶ お賽銭は遠くから投げない

❷ 混んでいるときは正面で一礼した後、脇へ寄って祈りましょう

二拝二拍手一拝の仕方
お賽銭を納める
深く2度礼をする
2度手を叩く
心のなかで神様と対話する
最後に深く一礼する

4 社務所で御朱印をいただく

おまいりをすませたら社務所へ。御朱印帳を渡し、書き上がったら呼び出されるので、お礼を言って受け取ります。最後に自分の御朱印帳かよく確認を。

マナー

❶ 小銭を用意しておきましょう

❷ 御朱印帳のカバーなどを外しておきます

❸ 書いていただいている間は静かに待機

参拝後に社務所などを訪ねる
目の前で書いていただけるとは限らない

両手でありがたくいただく

御朱印めぐり 知っておきたいQ&A

これから御朱印集めをはじめる人が感じる素朴な疑問。あんな事やこんな事についてお答えします！

Q 地元のお寺や神社でも御朱印はいただけるの？

ほとんどの寺社でいただけます

A 日中に僧侶や神職が常駐されていれば対応してもらえることが多いようです。真宗大谷派や浄土真宗本願寺派の一部宗派では、御朱印を受け付けていないお寺もあります。また、日蓮宗のお寺では御朱印のことを「御首題《ごしゅだい》」と呼ぶので、それにならいましょう。

Q 御朱印をいただくなら何時頃がベスト？

9〜16時が一般的

A 寺社によって異なりますが、御朱印がいただけるのは、概ね午前9時〜午後4時までの間です。境内の開門時間とは別に御朱印の受付時間を設けている寺社がほとんどなので注意を。受付時間終了の直前や、時間外にお願いするのはマナー違反です。

Q 御朱印所が境内で見つからないときは？

境内にいらっしゃる人にたずねてみて

A お寺なら寺務所、神社なら社務所、お札やお守りを授与する場所で御朱印をいただける場合がほとんど。寺社によっては「朱印所」「朱印受付」などと掲示された場所が別に設けられている場合もあります。不明な場合は、いらっしゃる方にたずねてみてください。

Q 御朱印をいただけないときもあるの？

授与の強要は絶対にNG

A 書き手が不在であったり、神事、法事、催事などで多忙の場合は対応できないこともあります。そうしたときのために、あらかじめ御朱印を書き置きしてくださっている寺社もあります。参拝時に授与を断られても、決して強要してはいけません。

Q どうしてひとつの寺社にいろいろな御朱印があるの？

大規模な寺社ほど多様な傾向

A 例えば東海三十六不動尊霊場や東海四十九薬師霊場などの札所になっていれば、通常の御朱印以外に、札所としての御朱印も用意しています。また、大規模な寺社では本堂だけでなく摂社、末社、奥の院など、それぞれに御朱印があることも。複数の御朱印がある場合は、自分が希望する種類をきちんと伝えましょう。

Q 本に掲載されているのと同じ御朱印をいただける？

御朱印はそのときだけのオンリーワン

A 御朱印はいつも同じ方が書いてくださるとは限りません。書き手が変われば当然筆致も変わります。また、催事や行事の期間中には、そのときだけの限定御朱印が登場することも。その際は通常の御朱印はいただけないかもしれません。本書だけでなく、インターネットなどに掲載されている御朱印はあくまでも一例。期待していたとおりの御朱印でなくても、それが縁と考え受け止めてください。御朱印との出合いは一期一会だからこそありがたいのです。

Q 御朱印をいただくのは参拝の前？ 後？

基本的には参拝後がルール

A 参拝をすませてから御朱印をいただくのがマナーです。ただし、最近は御朱印を求める人が多くなったため、その対策として参拝前に御朱印帳を預け、参拝している間に御朱印を書いてもらうというシステムを採用している寺社もあるようです。どちらかわからない場合は、寺社の方にたずねてみましょう。

Q 御朱印はその場ですぐ書いていただけるの？

A 混み具合によってケースバイケース

どの寺社もなるべくスムーズに授与できるよう努力してくださいますが、混み合っていれば1時間以上かかる場合もあります。目の前で書いていただけるか、寺務所や社務所の奥で書かれるかは寺社それぞれ。帰りのバスや電車の時間が気になるようであれば、最初にどのくらい時間がかかるか聞いたほうがいいでしょう。

Q 御朱印帳以外の紙でも書いていただける？

A 寺社が用意する半紙なら大丈夫

もしも御朱印帳を忘れてしまったら、受付にその旨を伝えてください。たいていの場合、寺社で用意してある紙に書いてくださるか、書き置きの御朱印を渡してくださいます。帰宅後に御朱印帳に貼って保管しましょう。ノートやメモ帳には書いていただけません。

Q 御朱印をいただくとき収めるべき金額は？

A ほぼ300円か500円

御朱印をいただく際に収めるお金をお寺では朱印料、神社では初穂料などと呼びます。ほとんどは300円、ないし500円ですが、志納（気持ち）としている寺社もあります。お金を渡す際にはお釣りが発生しないよう、小銭を用意しておくのがマナー。御朱印は金銭を支払って購入するものではないからです。

Q 一度に複数の御朱印をいただいてもいいの？

A すべておまいりしていただくのが条件

本堂、摂社、末社、奥の院、観音堂などそれぞれに御朱印がある場合は、それらにおまいりしたうえでいただくのであれば、マナー違反にはならないでしょう。本堂だけしかおまいりしていないのに、ほかの御朱印までいただくのは「神様や仏様と繋がった証」という御朱印の趣旨に反している行いです。

Q 携帯すると便利なものは？

A 御朱印帳入れはマストアイテム

大切な御朱印帳を入れるポーチや巾着袋があれば、御朱印帳が汚れたり荷物のなかに紛れたりしないので便利です。また、パンフレットや地図などの資料も一緒に収納できます。その他の便利グッズはP80でも紹介しています。

Q 御朱印帳を渡すときに注意することは？

御朱印帳の上下をチェック

A 御朱印帳のカバーや裏写り防止用の紙などはすべて取り除いてください。書き手に挨拶をして、帳面を開いて「ここにお願いします」のひと言をかけ、両手を添えて渡します。このとき、帳面の上下を間違えないよう注意しましょう。

Q お寺用と神社用で御朱印帳は分けるべき？

使い分けるのがベター

A 明確な決まりはありませんが、一部のお寺では「神社の御朱印帳には書けません」と断られることもあるそう。少なくともお寺用と神社用で分けて使用する方がいいでしょう。また、恋愛成就祈願用、京都の寺院用など、自分ならではのテーマごとに使い分けても楽しいですね。

Q 御朱印ビギナーが気をつけることは？

神仏への敬意を払って参拝

A 神仏への敬意さえ忘れなければ、あまり難しいことを考える必要はありません。マナーを守っておまいりし、素敵な御朱印をたくさん集めてください。あえて一つ注意点を上げるとすれば、御朱印帳に名前を書くのを忘れないということでしょうか。御朱印を書いてもらって御朱印帳を受け取るときに、ほかの人のものと取り違えないよう工夫が必要です。

Q 御朱印は郵送してもらえる？

参拝していただくのが基本

A 御朱印は参拝して神仏とご縁を結んだ証としていただくものです。基本的に参拝せずにいただくことはできません。ただし、病気で出向けないが快癒祈願にいただきたい場合、代理の方が御朱印をいただくことは可能です。このような理由もなく、代表者が友人の御朱印帳を預かって参拝する行為は避けましょう。

Q 御朱印をいただいた後に話しかけても大丈夫？

わからないことは聞いてみて！

A 受付が混んでいなければ、神仏のことや宗派の教えなどについて質問しても構いません。それによって神仏への理解が深まるのであれば、快く応じてくれるでしょう。ただし、あまり長くならないように。

+α メモ／寺社の方々は、新型コロナウイルス対策に頭を悩ませています。混雑を避けるため、書き置きの御朱印のみとしている寺社も少なくありません。直書きの強要はやめましょう。

川島さんのマイ御朱印帳は5冊目

導かれるように御朱印収集がはじまった

出身が京都の宇治なんです。家から歩いて5分のところに平等院があって、ほかにも無数の神社仏閣に囲まれて育ちました。そういう意味では、もともと普通の人よりは神様や仏様に対して心が開かれていたのかもしれません。

御朱印をいただくようになる前から、当たり前のように神社仏閣を訪れる旅行に出かけていました。最初に御朱印をもらったのは、やっぱり平等院。5年ほど前に正月に実家に帰省して、初詣に行ったときに何気なくいただきました。毎年初詣に行っているのに、なんで、そのときに限っていただく気になったのかわからないんですよね。なんとなく引き寄せられたとしか言えません。

その時、平等院の人に「御朱印帳の最初のページは余白にしときましょうか？」って言われたんです。その時は意味がわからなかったんですが、後から聞いたら最初のページは伊勢神宮（→P110）で御朱印をいただく習わしみたいなのがあるんですってね。だったら、ということで次は伊勢神宮に行って御朱印をいただき、せっかくだから伊勢にあるほかの神社でもいただこうかな、という具合に僕の御朱印ライフははじまりました。

御朱印収集の達人に聞きました！

気分スッキリ、お腹も満足 御朱印旅は最高のリフレッシュ

芸能界屈指の御朱印好きとして知られる麒麟の川島明さん。御朱印をメインテーマに据えた旅を、頻繁に楽しんでいるそうです。

お笑い芸人
川島明さん
●かわしまあきら　1979年京都生まれ。相方の田村裕さんと、お笑いコンビ麒麟を結成して1999年にデビュー。コンビでもピンとしても数々のテレビ番組などで活躍。御朱印のほかに、競馬好きとしても知られている。

マイルールに従い御朱印旅をエンジョイ

それ以来、2カ月に一度は後輩を連れて御朱印旅行にでかけています。知り合いが行ってみてよかったっていう神社に行くこともあるし、ご利益を調べて寺を訪れる場合もあります。

ただ、僕の場合、御朱印旅にはいくつかのルールというか、スタイルがあるんです。まず、そばが美味しい地域の神社仏閣が優先！三度の飯がそばでもいいというくらいのそば好きなので、せっかく地方に行くからにはそばも味わいたい。幸い、神社仏閣は自然豊かな場所にあることが多いでしょ。水がきれいだから、そばが美味い可能性が高い。そばと御朱印は僕にとってセットなんです。

次に、1日しか休みがとれないときでも、なるべく前夜に前乗りする！現地では目星をつけたスナックに入って、お酒を飲みながら地元の人から情報収集するんです。観光案内所で聞ける当たり前の情報じゃなく、地元の人しか知らないようなおまいりの仕方だったり、神社の由来だったりが聞けるので楽しいですよ。

あと、おまいりは必ず午前中、できれば朝のうちに済ますってのも大切。やっぱり、午前中のほうが境内にいい〝気〟が流れていると思うんですよ。単純に気持ちがいいじゃないですか。

午後はそばを食べて、温泉にでも入って、後輩と馬鹿話をしながら帰路につく。トータルですごく気持ちよくなれる御朱印旅を、皆さんにもぜひ楽しんでもらいたいですね。

第3章

テーマでめぐる御朱印

御朱印自体の特徴や寺社のロケーションで、御朱印をいくつかのジャンルに分けてご紹介。きっとあなた好みの一枚が見つかります。

美しく印象的な筆さばき

御朱印といえば、美しい墨書との出合いも魅力のひとつ。見惚れるほど秀麗な筆さばきはもちろん、書き手の個性あふれる文字や力強い文字も唯一無二の素晴らしさです。

三重

専修寺 ●せんじゅじ

親鸞《しんらん》聖人が開かれた真宗高田派の本山

国宝に指定される2棟のお堂が素晴らしい高田本山では、見事な筆さばきも印象的な参拝記念印がいただけます。

宗祖・親鸞聖人の教えを受け継ぐ真宗高田派の本山。境内の御廟に聖人のご遺骨をお守りし、境内には数多くの伽藍が建ち並びます。なかでも、平成29年（2017）に三重県初の国宝建造物に指定された御影堂と如来堂は圧巻。御影堂は国宝建造物として全国で5番目の大きさを誇り、如来堂は本堂にふさわしい華麗な建築です。ほかにも境内には11棟の重文を抱え、見どころは尽きません。

☝御影堂の正面に位置する山門。五間三戸二階二重門の形式で、山門としては最高の格式です ☞御影堂と如来堂を結ぶ通天橋。板張りで、柱間はすべて吹き抜けになっています ☜親鸞聖人のお墓である御廟。すぐ前には国指定重要文化財の御廟拝堂があります

歴代上人の姿絵を敬置する御影堂

☟津藩主・藤堂家の寄進により建造された御影堂。寛文6年（1666）に建立、延宝7年（1679）に落慶供養法要が行われました ☝正面には親鸞聖人の御影が安置されています ☜赤、青、緑の極彩色で彩られた天井と、立体的な牡丹の花の欄間彫刻が美しいです

ダイナミックな筆墨デザイン

右の字……真宗高田派
本山専修寺
中央の字…右・御影堂
左・如来堂
右の印……高田山
中央の印…上・國寶
下・高田山
左の印……参拝記念
専修寺

☞見開き版は、国宝の御影堂と如来堂の筆墨が中心に。字形が宝船を思わせて縁起がいいと喜ばれています

力強く美しい筆墨が参拝記念にうれしい

右の字……真宗高田派
本山
中央の字…専修寺
右の印……高田山
中央の印…高田山専修寺
左の印……参拝記念

☞専修寺では御朱印ではなく参拝記念証として授与されます。いただけるのは、御影堂に向かって右手に位置する進納所です

如来堂が本堂です

☞如来堂の建立は享保4年(1719)に初願、寛延元年(1748)に落成遷仏されました。建築面積は御影堂のおよそ半分ですが、屋根を二層として高さをほぼ同じにしています ☜極楽浄土を思わせる金襴豪華な堂内も必見

☞如来堂の屋根の軒部分にあたる尾垂木の先端が象、龍、獏の彫刻に

ココだけの御朱印帳！

☞☜上は伊勢型紙による御朱印帳、左は革に似せた伊勢擬革紙を用いた御朱印帳で各600円。右はオリジナルで2000円～

こちらもCHECK

◆境内の寺カフェ「蓮心庵」で名物のプリンを

山門を入ってすぐ右手にある湯茶の接待所が寺カフェに。国の重文にも指定される歴史的空間で、お茶やコーヒー、甘味などがゆっくりいただけます。名物は蓮鉢プリン。カスタードと抹茶の2種類があり、持ち帰りもできます。

☞茶所は木造平屋建てで、正面には軒唐破風が ☞蓮鉢プリンとコーヒー

DATA **専修寺**

真宗高田派
高田山《たかださん》 **阿弥陀如来《あみだにょらい》**
嘉禄元年(1225) **入母屋造《いりもやづくり》**

住 三重県津市一身田町2819
交 JR紀勢本線一身田駅から徒歩5分
料 無料

+α メモ／ 専修寺は蓮の花でも有名です。見頃を迎える6月下旬～8月中旬には、大賀蓮や浄台蓮、太白蓮など、約35種類1000株もの蓮鉢が境内を彩ります。蓮が美しく花開くのは午前中のため、観賞のスタートはお早めに！

愛知

龍岳院《りゅうがくいん》

書家でもあるご住職の言葉が心に響く

笑顔で帰ってほしいと、6年前から書き始めた、ご住職のメッセージ入り御朱印が話題のお寺です。

自然に恵まれた新城市にある小さなお寺。美術館の書展に出展する書家でもあるご住職の、心を込めた御朱印が評判を呼び、全国から参拝客が訪れます。御朱印は月替わりで7種ほど、季節や時勢を映し出すメッセージ性の高い言葉はもちろん、はんこ、色文字、パステルなどを用いた装飾も見事です。御朱印をいただくまで、看板猫のリオ君と過ごす時間も楽しみです。

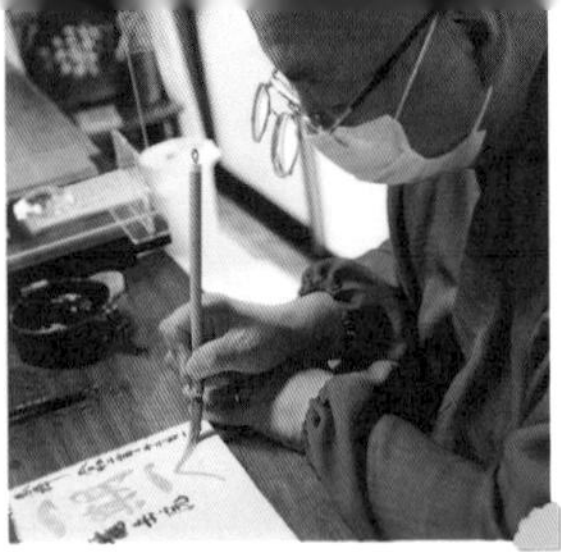

御朱印は対応日に仕上がりの時間札をいただいて、「一期一会」を大切にするご住職に書いていただきます

右の字……奉拝
中央の字…心静かに手を合わせ
左の字……龍岳院
上下の印…季節の花
中央の印…上・念
下・お地蔵様
左の印……金剛山龍岳院

文言も絵柄もすべて月替わり

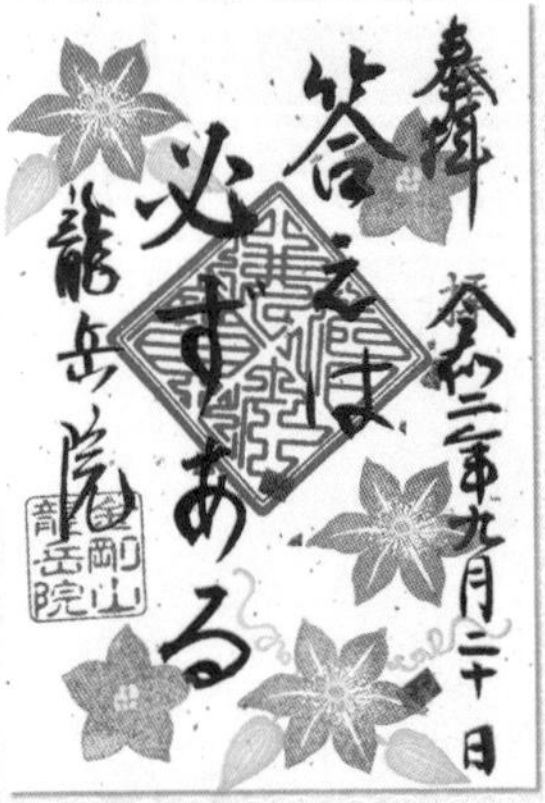

右の字……奉拝
中央の字…答えは必ずある
左の字……龍岳院
上下の印…桔梗
中央の印…仏法増宝(三宝印)
左の印……金剛山龍岳院

右の字……奉拝
中央の字…自分の居場所を見つけよう
左の字……龍岳院
上下の印…本、栞、青もみじ
中央の印…心
左の印……金剛山龍岳院

誰もが読みやすい美しい文字で、心に素直に届く文言が印象的な御朱印です

400年以上の歴史をもつ曹洞宗の寺院です

龍岳院のモットー、基本御朱印「一期一会」

右の字……奉拝
中央の字…一期一会
左の字……龍岳院
上下の印…椿
中央の印…仏法増宝(三宝印)
左の印……金剛山龍岳院

さまざまな方との出会い、ご縁を大切にするご住職。目の前で直書きしていただけます

ココだけの御朱印帳！

西陣織で文字や図柄を織り込んだオリジナル。2000円。順次、新作が登場します

福井県の御誕生寺(通称・猫寺)からやってきたという龍岳院の人気者、リオ君。本堂や境内を自由に歩き回っています

DATA 龍岳院

曹洞宗

金剛山《こんごうさん》 聖観音菩薩《しょうかんのんぼさつ》

不明

住 愛知県新城市庭野南植田21-1

交 JR飯田線新城駅から徒歩30分

料 無料

+αメモ 龍岳院のオリジナル御朱印帳を持参すると、お誕生日御朱印と月替わりのシークレット御朱印を直書きしていただけます。御朱印は書き置き・直書きとも対応日のみの授与のため、SNSで確認しておまいりを。

愛知

弘法大師が開いた真言密教のお寺

如意輪寺

●にょいりんじ

カリグラフィの手法も用いた限定御朱印と、ハワイアンリボンから考案した手作り腕輪が人気！

行基の建立と伝えられる井際山観《いぎわさんがん》福寺《ぷくじ》の一院として創建。乱世の世に観福寺は衰退しますが、帰依者によって堂宇が現地に再建され、梅山和尚により中興開山されました。知多四国霊場が始まった翌年、文政８年（１８２５）にはここに本部が置かれ、海運で栄えた内海を見守ってきました。江戸時代の僧、円空作の高さ63・８㎝の薬師如来立像も必見です。

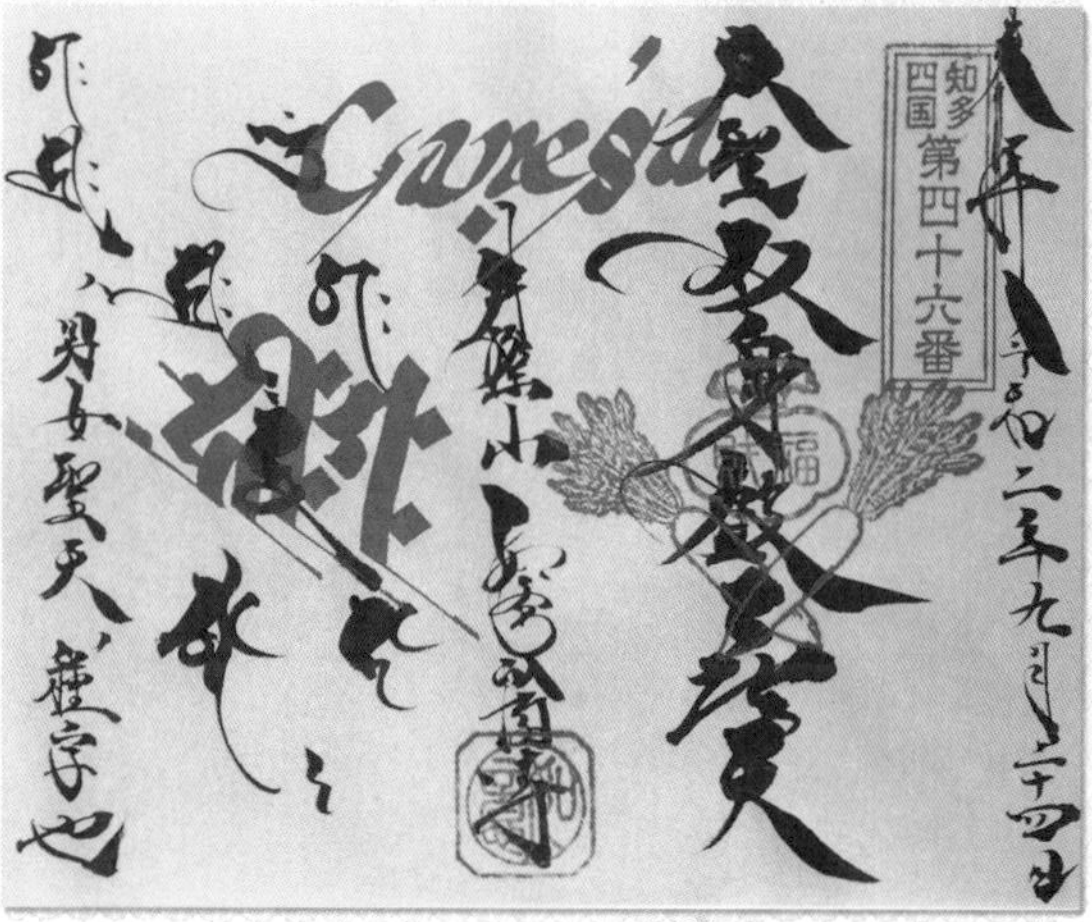

お祀りされている仏様の御朱印が毎月替わります

右の字…奉拝／中央の字…右・大聖双身歓喜天　中・井際山如意輪寺　左・オンキリクギャクウンソワカ(梵字)／左の字…上・ギャクキリク(梵字)　下・男女聖天ノ種字也／右の印…知多四国第四十六番／中央の印…上・ガネーシャ　右中・財福　左中・キリクギャク(梵字)　下・寺印(如意)

☞取材月は大聖歓喜天の御朱印。毛筆とカリグラフィーペンを用いて手描きされています

ココにも注目！

☞知多半島には3体の円空仏が祀られており、そのうちの1体が如意輪寺にあります。薬師如来立像の拝観は500円

☞貝殻に願い事を書く、貝から絵馬300円。海辺のお寺ならではの絵馬です

☞厄除け観音と呼ばれるご本尊・如意輪観音を祀る本堂。南知多33観音霊場第31番札所、知多四国霊場第46番札所でもあります

自分を守ってもらう 星曼荼羅シリーズも

☞☞☞自分の生年月日で和名の星座を確認し、守護星の御朱印をいただきます。守り神として自宅にお祀りしましょう

中央の字……白虎監兵神君
輪の字と絵…七星宿(奎、婁、胃、昴、畢、觜、参)

中央の字……朱雀陵光神君
輪の字と絵…七星宿(井、鬼、柳、星、張、翼、軫)

中央の字……青龍孟章神君
輪の字と絵…七星宿(箕、尾、心、房、氐、亢、角)

中央の字……玄武執明神君
輪の字と絵…七星宿(壁、室、危、虚、女、牛、斗)

ご利益おもちかえり

厄除けお守り 各500円

☞如意輪寺のご利益は厄除け。災いを除き福を招きます。緑とピンクの2色

如意輪具 300円～

☞徳が行き渡るようにと、ご住職が願いを込めてリボンを編み込んだ腕輪

DATA 如意輪寺

真言宗
井際山《いぎさん》　如意輪観世音菩薩《にょいりんかんぜおんぼさつ》
元亀2年(1572)
住 愛知県知多郡南知多町大字内海中之郷12
交 名鉄知多新線内海駅から徒歩10分
料 無料(薬師如来立像の拝観は500円)

+αメモ／如意輪具は仏・法・僧の三宝をイメージして3本のリボンで編み込んだものと、地・水・火・風・空の五大元素を表した5本のリボンを編み込んだものがあります。

岐阜

ご住職夫婦の人柄にじむ和みのお寺

雲上双龍 長髙寺

うんじょうそうりゅう ちょうこうじ

平成18年（2006）に建てられた日蓮宗の寺院です。本堂に描かれた2体の龍の天井画も見事！

新しい創建ですが、種々の悩みを抱える多くの人がご住職を慕って相談に訪れる、温かみあふれる祈願寺です。龍の天井画は、日本を代表する彫刻家・神戸《かんべ》峰男《みねお》氏が約1年がかりで描き上げたもの。その迫力には思わず息を呑みます。日蓮宗では南無妙法蓮華《なむみょうほうれんげ》経《きょう》という御題目《おだいもく》をいただく独特の御朱印「御《ご》首題《しゅだい》」があり、長髙寺では御首題と御朱印の両方をいただけます。

龍神様に会いたい！

天井に水墨で描かれた龍神は、開道良導の神様です　龍神を線画にし、天井画の下で写経ならぬ写龍を体験できます。2000円、3名以上で要予約。写龍の会も定期的に開催

隠れたパワースポットとして、県外からも多くの人が訪れます

龍のごとく力強い筆が躍る！御題目でご利益いただけます

右の字……右・参拜　左・雲上双龍
中央の字…月の御遺文（彼岸の一日の小善は能く大菩提に至るなり）
左の字……中・南無妙法蓮華経　左右・月の法華経（一切天人　皆應供養）
右の印……上・菊　下・道をきりひらきいい導きをあたわる　左・龍
中央の印…上・トンボ　下・彼岸花、芒
左の印……上・お月見　中・龍　下・雲上双龍長髙寺

迫力ある龍の印は多治見市のアーティスト、木全靖陛氏によるもの。カラーのハンコは月替わりで、季節の風物を描きます

3面の御首題。自ら人生を切り開く「開道」、良縁によって導かれる「良導」の言葉が、心に響きます

右の字…右・参拝　左・開道／中央の字…中・南無妙法蓮華経　左右・我聞大乗教　度脱苦衆生／左の字…良導／右の印…上・龍　下・道をきりひらきいい導きをあたわる／中央の印…上・龍　下・鳳／左の印…上・龍　中・龍　下・雲上双龍長髙寺

ココだけの御朱印帳！

龍をモチーフにした御朱印帳を順次発売。2体の青龍が輝く見開きタイプは3500円。刺繍で銀龍を浮かび上がらせた手の込んだ片面タイプは3700円

DATA 雲上双龍 長髙寺

日蓮宗
鷲鳳山《じゅほうざん》　大曼荼羅《だいまんだら》
平成18年（2006）　入母屋造《いりもやづくり》

住 岐阜県多治見市旭ケ丘8-23
交 JR太多線根本駅から徒歩30分
料 無料

+αメモ　御朱印はHPのフォームからその月の予定数の予約を受付けるシステムです。御朱印帳を預け、書き上がり次第、順次郵送での対応となります。

愛知

県内最古の木造建築、国宝の弥陀堂が有名

金蓮寺
●こんれんじ

吉《き》良上野介《らこうずけのすけ》ゆかりの地、西尾市吉良町にある名刹。創建は不明ですが、暦応3年（1340）に足利《あしかが》尊氏《たかうじ》が現在地に移し、江戸時代に吉良氏の帰依で曹洞宗に改宗されました。弥陀堂は源頼朝の命で建立されたと伝えられ、鎌倉時代の様式を見て取れます。

ご本尊の不動明王を安置する本堂。「饗庭のお不動さん」として親しまれています

本堂には江戸時代後期から昭和初期にかけて奉納された絵馬がずらり

ココにも注目！
桁行三間、梁間三間、一重寄棟造、檜皮葺の弥陀堂。阿弥陀三尊像を安置し、内部の拝観は200円

ご利益おもちかえり

御守 500円
金蓮寺・不動明王の厄除け、開運などのご利益をいただけます

般若心経と不動明王 500円
飲むと金運に恵まれるという境内の名水にあやかったお守りです

ほっこり笑顔に癒されます

右の字……奉拝
中央の字…国宝弥陀堂
左の字……三河吉良
金蓮寺
右の印……東海三十六不動尊霊場第二十番札所
中央の印…カーン（梵字不動明王
左の印……金蓮寺印

弥陀堂の御朱印。国の字の笑顔に、こちらも笑顔になります

DATA 金蓮寺
曹洞宗
青龍山《せいりゅうざん》 不動明王《ふどうみょうおう》
不明
住 愛知県西尾市吉良町饗庭七度ケ入1
交 名鉄西尾線上横須賀駅から車で10分
料 無料（弥陀堂の拝観は200円）

+α メモ／十一面観世音菩薩や水掛不動尊、季節の弥陀堂を描いた、季節限定の御朱印も授与しています。

岐阜

日本一大きな乾漆仏は圧巻

正法寺
●しょうぼうじ

全高13・7mの岐阜大仏が鎮座。江戸時代の大飢饉や大震災に心を痛めた第11代惟中《いちゅう》和尚により、天保3年（1832）に38年の歳月をかけて建立されました。奈良の大仏や鎌倉大仏とともに日本三大仏に数えられ、県の重要文化財にも指定されています。

お釈迦様の弟子・五百羅漢像が大仏のまわりを囲んでいます

大イチョウを直柱として造られた巨大な岐阜大仏

中国の様式を感じさせる大仏殿

ココにも注目！
岐阜大仏は、美濃和紙をはじめ、ほとんどが岐阜の伝統工芸品で造られているとか

ご利益おもちかえり

御守 各500円
岐阜大仏のパワーが宿る諸願成就の御守り。朱・紺・白の3色あります

身体健全・身代り守 各500円
災難・厄除け守り。千代紙で造られた女の子と男の子がかわいらしい

力強い筆致と朱印がインパクト大

右の字…奉拝
日本三大佛／中央の字…釋迦如来／左の字…岐阜大仏殿 正法寺／右の印…扶桑唯一／中央の印…大仏殿／左の印…黄檗宗 金鳳山 正法寺

御朱印帳に御朱印をいただく場合は、拝観前に大仏殿入口で受付を

DATA 正法寺
黄檗宗《おうばくしゅう》
金鳳山《きんぽうざん》 釈迦如来《しゃかにょらい》
天和3年（1683）
住 岐阜県岐阜市大仏町8
交 JR東海道本線岐阜駅から岐阜バス市内ループ線左回りで15分、岐阜公園歴史博物館前下車、徒歩3分
料 拝観200円

+α メモ／岐阜大仏は別名「籠大仏」ともいいます。これは、骨格を木材で組み、竹材を編んで大仏の形を形成しているから。その上に粘土を塗り、経典が書かれた美濃和紙を貼って、漆と金箔で仕上げています。つまり、中は空洞！

② かわいい動物や植物コレクション

数ある御朱印のなかには、かわいらしい動物や可憐な植物があしらわれたものもあります。縁起物や干支、神様の使い、季節の草花などをモチーフにしたカラフルな御朱印が揃いました。

岩窟のなかに神秘的な空間が出現

☝ご本尊の不動明王を祀る「岩窟本堂」。荒々しい岩肌ときらびやかな本堂が、神秘的な雰囲気を醸し出します

岐阜

日本最大級の岩窟本堂が見事 岩戸弘法弘峰寺《いわどこうぼうこうぶじ》

金華山の麓、岩戸公園の一角にある真言宗のお寺で、岩盤を削って創られた岩窟本堂が人気を集めています。

昭和41年（1966）に良導和尚が開山。比較的新しい寺ですが、ご本尊は鎌倉時代の作と伝わる不《ふ》動明王《どうみょうおう》です。高野山別格本山三寶院《さんぼういん》護摩堂《ごまどう》に祀られていたものを、弘峰寺落慶の際にご本尊として迎えられました。ご本尊を祀る本堂は岩盤を削った洞窟のなかに収まっています。奥行き16m、高さ5m、岩窟本堂としては日本最大級の規模とか。毎年GWにはご本尊のご開帳が行われます。

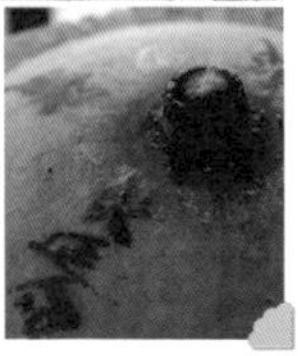

☝この建物のなかに岩窟本堂があります ☞頭の天柱にある百会に灸をすえる健康祈願

ご本尊が描かれた限定御朱印

右の字…奉拝／中央の字…上・カーン(梵字) 下・不動明王／左の字…弘峰寺／右の印…高野山真言宗岐阜岩窟本堂／中央の印…カーン(梵字) 不動明王／左の印…瑞暁山弘峰寺／中央の絵…不動明王

☞毎年GWの本尊不動明王ご開帳時のみいただける限定御朱印です

ひと月ごと替わる季節の花の御朱印

右の字…奉拝／中央の字…上・カーン(梵字) 下・不動明王／左の字…弘峰寺／右の印…高野山真言宗岐阜岩窟本堂／中央の印…カーン(梵字)／左の印…瑞暁山弘峰寺／中央の絵…上・萩の花と満月(9月) 下・本堂

☝通常の御朱印には、例えば9月は萩、11月はサザンカと、季節の花が月替わりであしらわれています

プレミアムフライデー限定御朱印

右の字…奉拝／中央の字…上・カーン(梵字) 下・不動明王／左の字…弘峰寺／右の印…高野山真言宗岐阜岩窟本堂／中央の印…不動明王／左の印…瑞暁山弘峰寺／中央の絵…上・萩の花と満月(9月) 下・本堂

☝毎月最終金曜日には金色の揮毫の限定御朱印を授与

☞岩窟本堂への入口 ☞ご住職の美しい筆使いも楽しみです

DATA 岩戸弘法弘峰寺

高野山真言宗　瑞暁山《ずいぎょうざん》

不動明王《ふどうみょうおう》　昭和41年(1966)

住 岐阜県岐阜市長森944-99

交 JR東海道本線岐阜駅から岐阜バス大洞緑団地行きで11分、東興町下車、徒歩15分

料 無料

+α メモ／岩窟のなかに設けられた本堂は、ほぼご住職の手作りだというから驚きです。岩盤に覆われた本堂のなかは夏でも涼しく、ときには外との気温差が10℃にもなることもあるそうです。

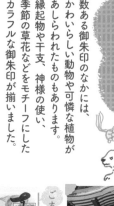

愛知

本殿をはじめ文化財も多数！

富部神社

●とべじんじゃ

戸部城主・戸部新左衛門の故事に由来する「戸部蛙」。地域の歴史を伝える蛙が、御朱印のなかに隠れています。

かつては海を眺められたという笠寺台地に、清洲城主・松平忠吉《ただよし》公が創建した

桃山建築の姿を残す本殿は、神社建築として市内で唯一、国の重要文化財に指定。天災にも空襲にも負けず約400年、地域の守り神として信仰を集めてきました。桜や紅葉など四季折々の彩りも美しく、7月の茅の輪くぐり、8月の七夕祭、10月の例大祭と、年間行事も見どころです。

☝津島神社の素戔嗚尊を勧請したのが始まり

大版の朱印がステキな特別御朱印

右の字……奉拝
右の印……富部神社
中央の印……節句や伝統行事の朱印

☝月替わりの印は切り絵作家のオリジナルです。必ず蛙の姿が

月替わりの図柄が楽しみな基本の御朱印

右の字……奉拝
中央の字……右・国指定重要文化財　左・富部神社
右の印……富部神社
中央の印……建速素戔嗚(不明)尊
左の印……月替りの印

☝印に使用するのは朱色のみ。こちらにも必ず蛙の姿が

文化財もチェック！

☝本殿。全体に弁柄漆を、彫刻類には彩色を施し、江戸時代初期の特徴を残しています ☝享保12年(1727)作の山車「高砂車」は名古屋市の有形文化財です。現在は上部の社檀を外し収蔵庫に納められ、10月の大祭日に一般公開されます ☝七夕祭ではマルシェやライブなども開催

ココだけの御朱印帳！

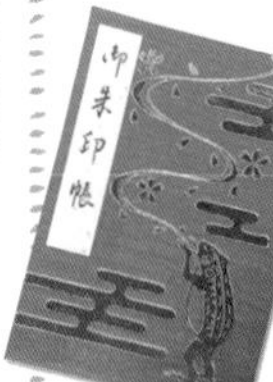

☝戸部蛙と桜を描いた御朱印帳。桃、青、緑、小豆の4色、御朱印付きで2000円

ご利益おもちかえり

富守り 1000円

☝健康、幸せ、ご縁、金運など、いろいろな運が「富」みますように

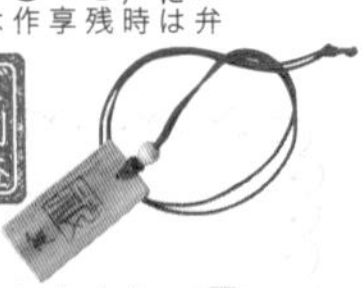

祓札 500円

☝神域のクスノキに祓の文字を焼印。首からかけて身につけるお守りです

DATA 富部神社
素戔嗚尊《すさのおのみこと》
慶長8年(1603)　一間社流造《いっけんしゃながれづくり》
住 愛知県名古屋市南区呼続4-13-38
交 名鉄名古屋本線桜駅から徒歩10分
料 無料

+αメモ／勇猛な武将として知られた戸部新左衛門に切られなかった蛙の逸話にちなみ、旅人の無事を祈るみやげとして人気を博した戸部蛙。新左衛門の慰霊碑がある富部神社では、昭和に途絶えた戸部蛙の復活に力を注いでいます。

愛知

日本で唯一、犬を主祭神とする神社

伊奴神社 ●いぬじんじゃ

主

祭神の一柱に大年神の御妃・伊《い》奴姫神《ぬひめのかみ》を祀り、子授け、安産祈願で有名です。本殿のほか、樹齢800年のご神木に白蛇が棲む白龍社、春日大社・太宰府天満宮・日吉大社のご分霊を祀る社、商売繁盛の玉主稲荷社などがあり、広いご神徳をいただけます。

☞境内に掲げられた参拝順に従って摂社もすべておまいりしましょう

ココにも注目！

☞この地の洪水を鎮め、建立の由来となった「犬の王」の像が本殿前に鎮座。犬の王の絵馬を奉納する絵馬殿もあります

ココだけの御朱印帳！

☞ちりめん絵柄の御朱印帳。裏表紙には犬の王が描かれています。1200円

犬の王に安産を祈願します

右の字……奉拝
中央の字…伊奴神社
中央の印…伊奴神社
左の印……犬の王

☞御朱印は通常版1種ですが、戌年は金の限定御朱印が登場します

ご利益おもちかえり

安産いぬ鈴御守 800円

☞ポケットに犬のマスコットが入ったかわいい安産のお守りです

子授け御守 各800円

☞夫婦色違いで持つと、よりご利益がいただけます

DATA 伊奴神社

素盞嗚尊《すさのおのみこと》・大年神《おおとしのかみ》・伊奴姫神《いぬひめのかみ》

天武天皇2年(673)

住 愛知県名古屋市西区稲生町2-12

交 地下鉄鶴舞線庄内通駅1番出口から徒歩10分

料 無料

+αメモ 多産でお産の軽い犬は安産の守り神。妊娠5カ月を迎えた戌の日に腹帯を巻き、安産を祈願する風習があり、戌の日にはたくさんの参拝客が訪れます。

三重

神猿《まさる》とのご縁でご神徳を

鳴谷神社 ●なるたにじんじゃ

最

澄禅師が建立された聖寶寺《しょうぼうじ》の守護神・日吉山王社としてお祀りされたのが始まり。山王社では猿が神のお使いとして大切にされ、神猿を「マサル」といって「魔が去る」「優る」「勝る」などと崇敬しています。境内には狛犬ならぬ狛猿が鎮座されています。

☞本殿や拝殿は昭和8年(1933)に新築

☞狛猿には三猿も

ご利益おもちかえり

鳴谷神社御守 500円

☞健康長寿、家内安全、交通安全などのご利益を。吸盤付きで便利

神猿みくじ 300円

☞お尻の赤い紐を引っ張るとおみくじが。置き物としてもかわいい

三猿の叡智を御朱印に

右の字…上・奉拝 下・清き水 巌も超えて 絶え間なく 一隅照らす 鳴谷の川 狛猿の鳴谷神社
左の字…上・祈・疫病消滅 下・優る栄る魔去るの神猿でござる五猿ご縁 狛猿の鳴谷神社
右の印…鳴谷神社
左の印…上・鳴谷和呈 下・三猿(優・賢・勝) 鳴谷神社 参拝記念 神猿でござる

☞御朱印は見開き。「神猿＝マサル」にかけた「優る」や「勝る」のワードはその時々で変わります

DATA 鳴谷神社

大山咋神《おおやまくいのかみ》

平安初期 神明造《しんめいづくり》

住 三重県いなべ市藤原町坂本松原83

交 三岐鉄道三岐線西藤原駅から徒歩20分

料 無料 ※常駐されていないため訪れる際は予約を

☎ 090-5600-4821

+αメモ 最澄禅師が建立された聖寶寺は、鳴谷神社から徒歩20分ほどの場所に。境内には美しい池泉回遊式庭園や滔々と流れ落ちる鳴谷滝など、見どころも多彩です。秋は紅葉が見事で、「もみじ祭り」も開催されています。

愛知

津島神社に隣接する元神宮寺

宝寿院
●ほうじゅいん

津島神社の鎮守の森に抱かれた元神宮寺。ご本尊は薬師《やくし》如来《にょらい》で、弘法大師より受け継がれてきた密教を伝えるお寺です。尼僧のご住職が仏教の教えを描いた御朱印や、境内に咲く季節の植物を手彫りし押印した御朱印が評判で、やさしいタッチに心和みます。

☞津島天王社の本地堂に奉安されていた薬師如来が、明治初期に宝寿院へと移されてご本尊になりました。秘仏ですが、毎年元旦の0時から1月8日の初薬師までご開帳されます

ご住職の手彫り印で季節の植物をスタンプ

右の字…奉拝／中央の字…上・バイ(梵字)薬師如来　下・薬師如来／左の字…宝寿院／右の印…尾張津島元神宮寺／中央の印…薬壺(薬師如来のシンボル)／左の印…牛頭山宝寿院／左右の絵…コスモス(季節替わり)

☞季節のスタンプ入り御朱印。境内に咲く植物を押印しています

ココだけの御朱印帳！

☞表紙は宝寿院でお祀りする仏様や龍神が宝船にのったご住職によるイラストです。1500円

ココにも注目！

☞津島の森を守ってくださる龍神を祀る社。重軽さまが泉龍神のお前立ちです

ご利益おもちかえり

津島名物 蓮根守 600円

☞蓮根は先を見通せる縁起物。津島の名産品です

厄除念珠 瑠璃の光 1000円

☞瑠璃の粉末が練り込まれた厄除けのお守り念珠です

DATA 宝寿院

真言宗
牛頭山《ごずさん》
薬師如来《やくしにょらい》
弘仁9年(818)
入母屋造《いりもやづくり》

住 愛知県津島市神明町2
交 名鉄津島線津島駅から徒歩15分
料 無料

+αメモ／御朱印の対応時間は10～12時、13～16時。当面の間、通常の字の御朱印以外は、書き置きでの対応となっています(土日祝は字の御朱印も書き置き)。最新の情報などは、宝寿院のTwitter@houjyuinやHPで確認を。

愛知

大物主神《おおものぬしのかみ》のお使い、兎にお祈り

三輪神社
●みわじんじゃ

奈良の大神神社から大物主神をお迎えして創建。なでると幸福が訪れるという「なでうさぎ」をはじめ、境内には大小さまざまな兎が隠れています。ほかにも、矢場町の地名の由来にもなった「矢場跡」や「縁結びの木」など、多彩な縁起のある神社です。

☝大きな鳥居の左右に小さな鳥居が付いた三ツ鳥居。3つの鳥居を八の字にくぐるとご利益3倍とも

ココにも注目！

☞樹齢450年(推定)のご神木、縁結びの木。良縁を願い、たくさんの赤い糸が結ばれています

右の字……奉拝
右の印……上・菊花紋
　　　　　下・季節の花
中央の印…三輪神社
下の印……右・弓曳きうさぎ　左・子(干支)

☝月替わり、祭事限定、季節限定などの御朱印をいただけます

星野くんがあなたの目標を定めます

ココだけの御朱印帳！

☞表はなでうさぎとお社、裏はマスコットの弓曳きうさぎの星野くん。各2000円

ご利益おもちかえり

矢場守り 800円

☝試験合格や目標達成など、目標(的)を射貫くことができるよう祈願

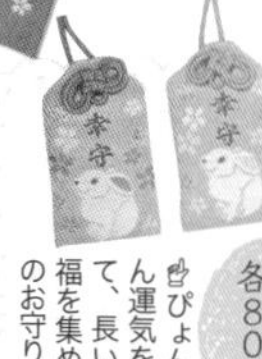

幸せまもり 各800円

☝ぴょんぴょん運気を上げて、長い耳で福を集める兎のお守りです

DATA 三輪神社

大物主神《おおものぬしのかみ》
元亀年間(1570～1572)　切妻造《きりづまづくり》

住 愛知県名古屋市中区大須3-9-32
交 地下鉄名城線矢場町駅4番出口から徒歩6分
料 無料

+αメモ／直書きは待ち時間もありますが、境内に見どころは多く、大須商店街の散策も楽しめます。社務所がお休みのため御朱印対応のない日もありますので、事前にSNSで確認してから出かけましょう。

期間限定のプレミアム御朱印

季節や曜日、年中行事の際だけに特別に授与される限定の御朱印も最近はいろいろと登場しています。通常版とはひと味、ふた味も違うプレミアム感ある限定デザインを、狙いすましてゲットしてください。

天照皇大神と素戔嗚尊を合祀。毎年7月には茅の輪くぐり(夏越しの神事)が行われます カラフルな和傘が彩りを添える手水舎。フォトスポットとしても人気です 2020年に境内鎮座より70周年を迎えた白金龍王社

毎月の絵柄がお楽しみ

右の字…右・仲秋の願い 左・観月祭/左の字…右・五穀豊穣 左・若宮神明社/右の印…上・社紋(花菱) 下・神宮遥拝/左の印…若宮神明社/右の絵…伊勢神宮遥拝所/中央の絵…満月と兎、月見団子、萩、芒

季節の絵柄を消しゴムはんこで表現する月替わりの見開き御朱印。写真は9月の絵柄

ゴージャスな金文字が限定版!

右の字……奉拝
中央の字……白金龍王
右の印……上・白金 下・龍
中央の印……白金
左の印……上・七十周年 下・白金

金曜限定の御朱印。白金龍王の金文字がプレミアムです。若宮神明社バージョンの限定御朱印もあります

愛知

奥町とともにある地域の氏神様 若宮神明社

●わかみやしんめいしゃ

伊勢神宮を遥拝《ようはい》し、住民より親しまれる氏神様。月替わりや朔日《ついたち》&金曜限定の御朱印も人気です。

木曽川の決壊・氾濫で住民が困窮に至ったことから、伊勢神宮大麻《たいま》を奉斎し万度の祓いを治めたことが始まり。境内には神宮荒御魂のご分霊を祀る白金龍王社《はくきんりゅうおうしゃ》もあり、ここぞという時に強く念ずれば道が開かれると伝えられています。

御朱印は通常版だけでなく、月替わりの見開き御朱印と朔日参り&金曜限定の御朱印を用意。絵師や漫画家による数量限定の特別御朱印が登場することも!

ココだけの御朱印帳!

絵獅匡さんが描かれた大迫力の龍が圧巻!2200円
素戔嗚尊をデザインした見開き御朱印帳 4000円

ご利益おもちかえり

厄除け茅の輪守 300円
一つひとつ手作りの茅の輪守。厄除けの願いが込められています

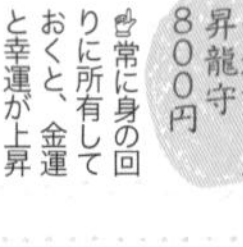

金運〈勾玉〉昇龍守 800円
常に身の回りに所有しておくと、金運と幸運が上昇するのだとか

DATA 若宮神明社
天照皇大神《あまてらすおおみかみ》・素戔嗚尊《すさのおのみこと》
文禄年間(1593〜1596) 神明造《しんめいづくり》
住 愛知県一宮市奥町堤下2-95
交 名鉄尾西線奥町駅から徒歩15分
料 無料

+α メモ / 若宮神明社では、御朱印や御朱印帳をはじめとする授与品の郵送にも対応しています。御朱印帳をお送りすれば、直書きのうえ、レターパックでの返送も可。詳しくは公式HPの御朱印&授与品のページを参照ください。

静岡

曽祖父と曾孫の贈答歌にも注目

府八幡宮《ふはちまんぐう》

県指定文化財の楼門や、新門辰五郎作と伝わる鳥居など、境内には江戸時代の意匠を伝える建造物もたくさん。

奈良時代の聖武天皇治世の頃、聖武天皇の曾孫といわれている桜井王が、遠江国（現在の磐田市）の国府として派遣されてきます。地域の平安を願って創建したのが、こちらの神社。地元では「八幡さま」と、親しみを込めて呼ばれています。桜井王と聖武天皇の結びつきは深く、お互いに和歌を贈り合っていたそう。その贈答歌は、御朱印にもデザインされています。

☝本殿は元和2年（1616）に2代将軍・徳川秀忠の娘の寄進によって再建されたという記録が残っています ☝禅宗様の中門も拝殿と同時に造営された後、何度か再建されています

季節で替わる押し印と雅な和歌に格調を感じる

右の字…奉拝／中央の字…府八幡宮／右上の印…天の川／右下の印…九月之其始鴈乃使尓毛念心者可聞来奴鴨／中央の印…府八幡宮／左の印…笹飾り

☝「九月之～」は、桜井王が時の天皇・聖武天皇に奉った和歌。万葉集にも載っています

名建築に潜んでいる隠れキャラ

☝☝拝殿や中門と同じく寛永12年（1635）に建立された楼門は、平成28年に解体修復工事が終わり生まれ変わりました。その際に、傷んだ木の穴を埋めるために施された細工がキュート。いくつかあるので探してみて

ココだけの御朱印帳！

☝楼門モチーフで全3色。裏面には万葉故地・大之浦をデザイン。各1800円（御朱印込）

ご利益おもちかえり

安産御守 1000円

☝聖母の神格を持つ気長足姫命にあやかったお守りは霊験あらたか

勝守 700円

☝裏に願いを書き込めるスペースがある、珍しいタイプの勝守りです

DATA 府八幡宮

誉田別命《ほんだわけのみこと》・足仲彦命《たらしなかひこのみこと》・気長足姫命《おきながたらしひめのみこと》

天平年間(729～748)　三間社流造

住 静岡県磐田市中泉112-1

交 JR東海道本線磐田駅から徒歩13分

料 無料

+αメモ 季節ごとに押し印のデザインが替わる御朱印は、一面と見開きの2種類を用意。一度にいただけるのは1種類だけです。また、例大祭などが行われるときには、限定の御朱印が頒布されることもあります。

愛知

尾張高野山総本山の名刹

尾張《おわり》高野山《こうやさん》 岩屋寺《いわやじ》

奥之院の岩屋を大変気に入られた弘法大師、知多半島における唯一の修行場でもあります。

開創は8世紀に遡り、行基菩薩、弘法大師、親鸞聖人と、名だたる名僧が関わりをもつ古刹。弘法大師は奥之院で百日間の護摩修行をし、その際に残った灰で千手観音を作り、ご本尊の光背に納めたといわれます。経蔵の脇から知多四国八十八ヶ所石仏をめぐり、大師ヶ岳を経て奥之院まで山道を歩くこともでき、静寂に包まれた奥之院では現在も護摩祈祷が行われます。

19世紀に尾張徳川家の祈願所となり、本堂には三つ葉葵の紋章がかかっています

毎月17日大祭の旗行列、参加特別御朱印

右の字……列頭
中央の字…寺紋旗
左の字……岩屋寺二十五
　　　　　菩薩行列
中央の印…親鸞聖人御作
　　　　　阿弥陀佛　皆
　　　　　悉往生　冥府
　　　　　判官　十王

奥之院での護摩法要のあと、本堂まで旗行列が行われます。参加者は9時頃に奥之院集合

19世紀初頭に完成した経蔵と阿弥陀堂

本堂。お前立ちの千手観音の奥にご本尊を安置

ココにも注目！

深閑とした木立のなかに、奥之院本堂や朱色の三重塔などがたたずんでいます。まるで高野山奥之院のような雰囲気

3種類の基本御朱印も大胆な筆捌きが超クール！

右の字……奉拝
中央の字…蓮華王
左の字……尾州 岩屋寺
右の印……天正天皇勅願
　　　　　寺尾張徳川家
　　　　　祈願所
中央の印…開敷蓮華
左の印……尾張高野山
　　　　　岩屋寺

こちらはご本尊、千手観音の御朱印。ほかに、奥之院と阿弥陀堂をはじめ諸堂の朱印があります。各縁日は金字に

ココだけの御朱印帳！

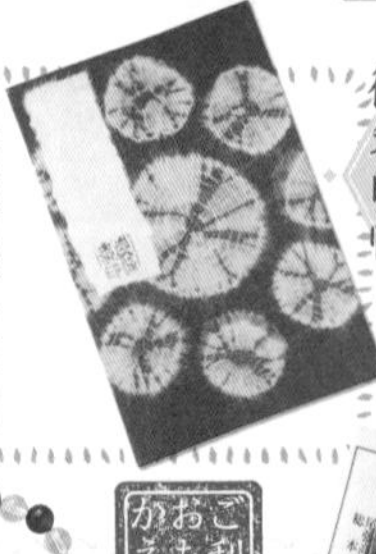

草木染め職人による手作りのオリジナル御朱印帳。季節ごとに色が変わります。2500円

ご利益おもちかえり

うでわ念珠 3500円

ご本尊の梵字を刻んで祈念した、天然石の念珠です。カラーも豊富に用意

身代御守 300円

災難において身代わりになってくれる弘法大師の強力なお守り

DATA 岩屋寺

尾張高野山宗

大慈山《だいじさん》　千手観音菩薩《せんじゅかんのんぼさつ》

霊亀元年(715)

住 愛知県知多郡南知多町山海間草109

交 名鉄知多新線内海駅から海っこバス西海岸線で15分、岩屋寺下車(※土日祝に便限定運行)、徒歩すぐ

料 無料

+αメモ／ 岩屋寺では、うちわ念珠つくり(第2日曜)、御朱印帳つくり(毎月22日)のほか、写経(第1日曜、毎月18日)や坐禅(毎月20日)などの体験もできますので、予約をして出かけるのもおすすめです。

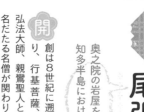

☞戦後に再建された溝旗神社の本殿。戦禍を免れた手水舎も必見です

岐阜

溝旗神社

航空ファンにも人気がある古社

●みぞはたじんじゃ

創建は今から1400年以上前と伝わる由緒ある神社。境内には空の安全を守る肇國《ちょうこく》神社も御鎮座されています。

用明天皇2年（6世紀後期）、疫病退散を素戔嗚尊《すさのおのみこと》に祈り疫病が治まったことから、ご祭神として祀るために創建。昭和13年（1938）には、日本建築史の第一人者・伊東忠太氏の設計で本殿などの建物を造営。戦争により本殿は焼失しましたが、戦火を免れた設計図を元に再建されました。境内の西側には、航空安全を守る肇國神社があり、航空ファンの参拝も。

3機の航空機が描かれた満月限定版

右の字……上・溝旗神社　下・肇國神社
左の字……上・お月夜参り　下・令和二年旧暦水無月満月の刻
中央の印…上・零戦　中・飛燕　下・X-2

☞満月の日(旧暦15日)の17~20時のみいただける限定の御朱印。金色の満月バージョンも

3機揃い踏み！

☞航空機3機と雲間にそびえる岐阜城をデザインした見開き版

中央の字…右・航空安全 運気上昇　中・肇国神社　左・整備開発 絶対安全／右の印…肇國神社(飛燕)／中央の印…上・肇國神社(X-2)　下・肇國神社(プロペラ)／左の印…上・肇國神社(零戦)　下・溝旗神社／中央の絵…雲海と岐阜城　飛燕・零戦・X-2

特別な夜に参拝して御朱印帳とご一緒に

中央の字…上・溝旗神社　下・肇國神社
左の字……上・お月夜参り　下・令和二年旧暦水無月満月の刻
中央の絵…満月　上・零戦　中・飛燕　下・X-2

☞こちらも満月の日(旧暦15日)限定の御朱印。17~20時の間で、御朱印帳を購入した方のみいただける特別版です

レア中のレアです！

ココだけの御朱印帳

☞溝旗神社に浮かぶ満月をバックに、零戦のシルエットが浮かび上がるクールなデザイン。各2500円

ご利益おもちかえり

満守 2000円

☞満月の夜限定。満月の光を浴びた特別な美濃和紙のお札入りです

運気上昇御守 800円

☞飛燕をモチーフにした"絶対に落ちない"お守り。受験生にも人気

DATA 溝旗神社
素盞嗚尊《すさのおのみこと》(牛頭天王《ごずてんのう》)
不明　流造
住 岐阜県岐阜市溝旗町3-1
交 名鉄名古屋本線名鉄岐阜駅から徒歩10分
料 無料

+αメモ 溝旗神社では毎年旧暦の水無月15日の満月の夜に「ちょうちん祭」が行われます。いくつもの提灯が灯された境内には夜店の屋台が並び、多くの参拝者でにぎわいます。

愛知

名古屋のカラフル御朱印の先駆け！

別小江神社

●わけおえじんじゃ

神《じん》功皇后《ぐうこうごう》が安産の石を埋めて祀ったのが始まりとされ、天正12年（1584）織田信雄《のぶかつ》の命により現在地に遷座。古くより安産・小児、寿命の神として、歴代領主にも崇敬されてきました。月や行事ごとに御朱印が変わり、名古屋の御朱印の聖地的存在です。

カラフルな色使いと季節のデザインが人気！

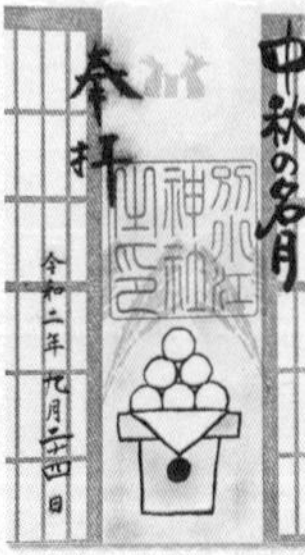

右の字…中秋の名月／左の字…奉拝／中央の印…別小江神社之印／中央の絵…満月と兎、芒、月見団子

☞日本の文化や行事を描いた月替わりの御朱印が登場します

ココだけの御朱印帳！

☞別小江神社のオリジナルキャラクター・ベッキーちゃんがかわいい。1500円

☞本殿のほか、安産の神を祀る八幡社、福や財をもたらしてくれる金刀比羅社などの境内社があります

ココにも注目！

☞拝殿の飾りや手水舎の花など、随所に季節感あるステキな演出が施されています

ご利益おもちかえり

子授け杓子 700円

☞子どもが授かりますようにと祈願しながらお腹をなでてください

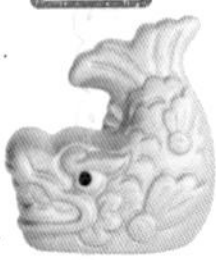

名古屋弁みくじ 500円

☞金鯱のなかにおみくじが。防火や厄除けにご利益のある金鯱は自宅へ

DATA 別小江神社

伊弉諾尊《いざなぎのみこと》・伊弉冉尊《いざなみのみこと》・天照大御神《あまてらすおおみかみ》・素盞嗚尊《すさのおのみこと》・月読尊《つきよみのみこと》・蛭児尊《ひるこのみこと》

不明　神明造《しんめいづくり》

住 愛知県名古屋市北区安井4-14-14
交 地下鉄上飯田線上飯田駅から徒歩25分
料 無料

+α メモ／別小江神社では神社の御垣石を持ち帰ると安産に恵まれるという言い伝えがあります。社務所に申し出ると、ピンク色の紙に包まれた安産の石、白色の紙に包まれた子授けの石を授与してくれます。

岐阜

多くの文化財を所蔵する由緒あるお寺

護国之寺

●ごこくしじ

聖武天皇の勅願により行基が開創。織田信長の兵火によって永禄年間（1558～1570）に焼失しましたが、良啓《りょうけい》上人によって再興されました。岐阜市唯一の国宝・金《こん》銅獅子唐草文鉢《どうししからくさもんはち》が所蔵されていることでも知られます。鉢は年に2回、1月18日と8月18日の午前中に公開。

金の御朱印は毎月最終金曜に授与

右の字…奉拝／中央の字…国宝／左の字…護国之寺／右の印…獅子／中央の印…上・キリーク(梵字)　下・千手観音菩薩　金銅獅子唐草文鉢／左の印…雄総山護国之寺之印

☝台紙は紺と白の2種類。紺は国宝の鉢や梵字が箔押しに

右の字…奉拝／左の字…護国之寺／中央の絵…虹色大日如来／左の印…雄総山護国之寺之印

☝大日如来や千手観音を描いた御朱印は、時々絵柄が変わります

☞本堂は高台に位置。市街地や岐阜城を望むことができます

ココにも注目！

☞十一面千手観音菩薩像を安置している奥之院。岐阜市の指定重要文化財に指定されています

ココだけの御朱印帳

☝金銅獅子唐草文鉢に描かれた獅子をあしらっています。金と赤の2種。各1500円

DATA 護国之寺

高野山真言宗　雄総山《ゆうそうざん》

十一面千手観音菩薩《じゅういちめんせんじゅかんのんぼさつ》

天平18年(746)

住 岐阜県岐阜市長良雄総194-1
交 JR東海道本線岐阜駅から岐阜バスおぶさ行きで30分、おぶさ下車、徒歩1分
料 無料

+α メモ／普段は弘法大使や布袋尊など、通常の御朱印をいただくことができます。副住職で仏師でもある廣瀬有香さんが描く、やわらかくほんわかとした絵が入ったカラフルな御朱印も人気です。

岐阜

プレミアムフライデー限定の金の御朱印

日龍峯寺（高澤観音）

●にちりゅうぶじ（たかさわかんのん）

高澤山の山頂に立つ古刹。現在の本堂は応仁文明の乱により焼失後、寛文10年（1670）に建て替えられたもので、県の重要文化財に指定されています。傾斜地に立つ舞台造りの建物が京都の清水寺に似ていることから「美濃清水」の異名も。立派な霊木の千本桧も必見です。

プレミアムフライデー限定の金の御朱印

右の字…奉拝／中央の字…大悲閣／左の字…日龍峯寺／右の印…東海百観音第三十四番 美濃三十三観音第一番／中央の印…観音(梵字)／左の印…高澤山印

☝御朱印は3種類。毎月最終金曜はいずれかが金の御朱印に

右の字…奉拝／中央の字…上・バン(梵字)大日如来 下・大日如来／左の字…日龍峯寺／右の印…美濃の清水 北条政子ゆかりの寺／中央の印…多宝塔／左の印…高澤山印

☝国の重要文化財・多宝塔の印が美しい大日如来の通常御朱印

ココだけの御朱印帳！

☝境内の竹林をモチーフにした御朱印帳。寺名が金文字で入っています。1000円

☞五間四面入母屋造り桧皮葺の本堂。山頂にあるため眺めも抜群です

ココにも注目！

☝総高14.7mの多宝塔。鎌倉時代中頃に尼将軍・北条政子によって建立されたという歴史ある建物です

DATA 日龍峯寺

真言宗

大日山《だいにちざん》 千手観音《せんじゅかんのん》

5世紀前半

住 岐阜県関市下之保4585

交 長良川鉄道美濃市駅から車で25分

料 無料

+αメモ 本堂裏の洞窟から湧き出る「みたらしの霊水」は、眼病やぼけ封じ、子宝、病気平癒に効果があるといわれています。空のペットボトルの販売もありますが、容器の持参がおすすめです。

静岡

2018年スタートの御朱印が大人気

釣徳寺

●ちょうとくじ

御前崎へと続く海岸線にほど近い場所に立つ寺。戦国時代末期に開かれ、寺子屋などとしても本堂を開放してきました。小学校校舎の建て替えの際には、仮校舎になるなど、地域に親しまれる存在です。本尊の十一面観音菩薩は、60年に一度開帳されます。

通常8種のコンプリートを目指す

右の字…奉拝／中央の字…十一面観世音／左の字…釣徳寺／右の印…仏法僧宝（三宝印）／中央の印…キャ（梵字）十一面観世音／左の印…上・牧之原片浜観世音霊場／下・曹洞宗海上山釣徳寺

ココだけの御朱印帳！

☝表紙の素材にも紙質にもこだわり抜いた見開きの御朱印帳は、御朱印バンド付きで4900円

☞住職の家族だけで運営する小さな寺

ココにも注目！

☝毎月1日には本堂で無料の定期祈祷会が行われます。コロナ禍が収まるまでは、ライブ配信で対応

DATA 釣徳寺

曹洞宗

海上山 十一面観音菩薩

天正7年(1579年) 寄棟造

住 静岡県牧之原市片浜2429

料 JR東海道本線藤枝駅から静鉄バス藤枝相良線静波海岸入口経由相良営業所行きで50分、坂井下車、徒歩6分

交 無料

+αメモ 現在は、手書きの書き置き御朱印2体を郵送してくれるサービスを実施中。申込みはインスタグラムのダイレクトメッセージから。そのほかの御朱印情報もインスタグラムで発信しているので、フォローしておくといいですよ。

アートのような美しい一枚

さまざまな御朱印のなかには、芸術的な絵や模様が描かれたアート作品のようなものも！個性的で美しい御朱印は、眺めているだけで楽しく、コレクションしたくなります。

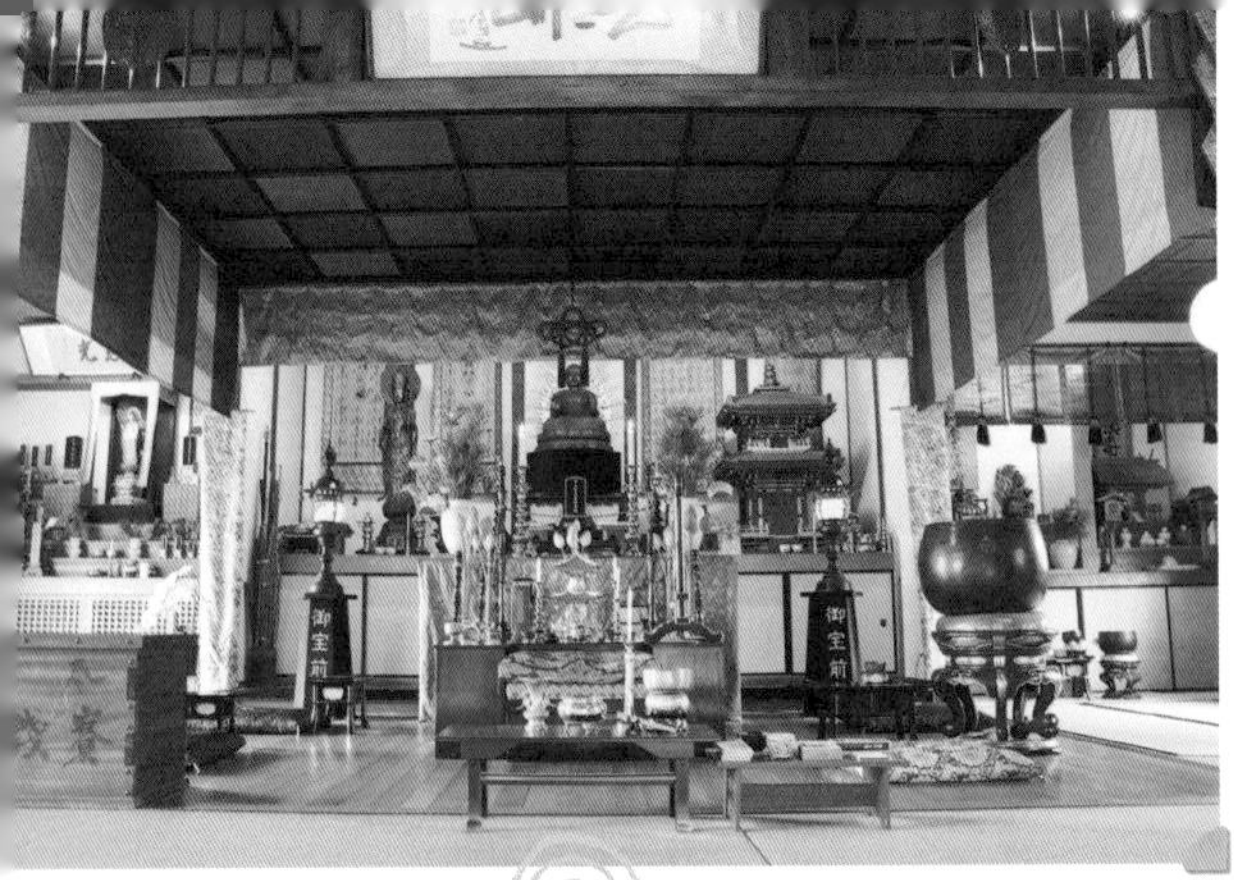

太陽を意味するありがたい盧舎那佛

☝本堂の中心にはご本尊の盧舎那佛が。向かって右手にある朱色のお堂には、鬼子母神がお祀りされています

☝不動明王像と弘法大師像も安置

☝人々を苦しみから救ってくださる聖観音菩薩

濃淡の筆使いも巧みな趣ある水墨画の御朱印

右の字…盧舎那佛／左の字…上・奉拝　下・光徳山太聖寺／右の印…華厳宗光徳山太聖寺／左の印…上・大聖　下・華厳宗太聖寺／中央の絵…盧舎那佛

☞芸大で水墨画を専攻されていたという絵師・中島さんが描く穏やかなお姿の盧舎那佛

愛知

太聖寺 たいしょうじ

奈良の東大寺とつながる末寺

3名の絵師が描かれる多彩な見開き御朱印の数々！毎月、新作も登場し、どれをいただくか悩みます。

太聖寺は奈良の東大寺の末寺で、ご本尊は東大寺の大仏と同じ盧舎那佛《るしゃなぶつ》です。華厳宗の本山である東大寺が八宗兼学《はっしゅうけんがく》であることから、宗派を問わず気楽に足を運んでいただけるお寺を目指しておられるそうです。その一環として御朱印も始められました。御朱印はご住職ではなく、3名の絵師が丁寧に描かれます。それぞれに絵柄や趣向が異なりますので、お好みの一枚を見つけてください。

左の字……上・奉拝　中・不動明王　下・光徳山太聖寺
左の印……上・大聖　中・華厳宗光徳山太聖寺　下・華厳宗太聖寺
中央の絵…不動明王

☝不動明王は中国人絵師・李さんの筆

☞盧舎那佛はご住職のお弟子・行徳さんの筆。どこか朴訥としてやさしい筆使いが好印象です

右の字……奉拝
左の字……右・円融無礙　左・光徳山太聖寺
右の印……大聖
左の印……上・盧舎那佛　下・華厳宗太聖寺
中央の絵…盧舎那佛

ココだけの御朱印帳！

☞太聖寺の御朱印に合わせた大判の見開きサイズ。艶やかな花を描いた絵柄は、西陣織で仕上げた豪華バージョン。4400円

DATA 太聖寺

- 華厳宗
- 光徳山《こうとくさん》　盧舎那佛《るしゃなぶつ》
- 昭和40年(1965)頃
- 住 愛知県愛西市町方町新西馬78
- 交 名鉄尾西線町方駅一宮方面出口から徒歩20分
- 料 無料

+αメモ／御朱印の受付・対応は毎週日曜の10〜14時のみです。基本的には御朱印帳をあずかって1週間後の日曜日にご返却、またはレターパックなどでの郵送対応となります。なお、郵送のみでの御朱印は受け付けておられません。

岐阜

甘南美寺 ●かんなみじ

凛とした空気が漂う湖畔の寺院

巧みな筆使いで描かれた見開きの御朱印が人気。季節を感じる華やかなデザインもステキです。

阿吽の仁王像が守る山門をくぐると、八《や》ツ《つ》棟造《むねづくり》銅板葺きの重厚感漂う建物があります。檀家を持たない参拝寺で、ご本尊は千手《せんじゅ》観《かん》世《ぜ》音《おん》菩《ぼ》薩《さつ》。県の天然記念物に指定される樹齢350年以上の江戸彼岸桜の大樹があり、4月初旬になると境内が薄いピンク色に染まります。弁天池にかかる朱色の橋の先に祀られる、縁結びの神様・弁天様にも参拝を。

☝ご本尊の千手観音が祀られる本堂。伊自良湖から徒歩5分の場所にあり、紅葉で色づく秋、雪化粧した冬の境内もステキ

☝本堂に描かれた色使い鮮やかな天女の天井絵も必見です

☝山県市の文化財にも指定されるモミの木。樹高約30m・幹周約4mの巨木です

鮮やかな朱色が映える赤だるまがインパクト大

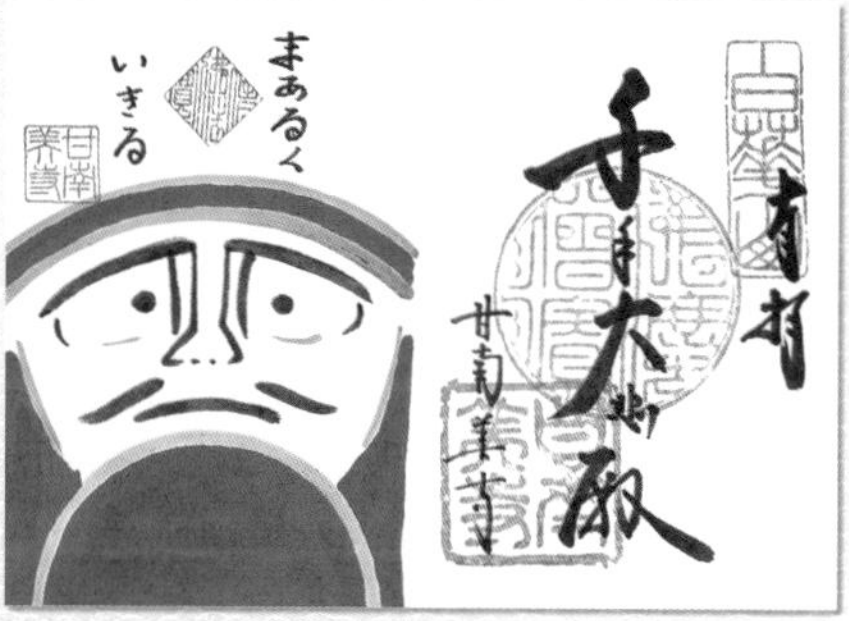

右の字……奉拝
中央の字…右・千手大悲殿
左・甘南美寺
左の字……まあるくいきる
右の印……白花山
中央の印…上・仏法僧宝(三宝印)
下・甘南美寺
左の印……右・仏法僧宝(三宝印)
左・甘南美寺
左の絵……赤だるま

☝挿絵が入った見開きの御朱印は各1000円。定番の御朱印は、赤だるまをはじめ4種類あります

季節替わりの挿絵がステキ

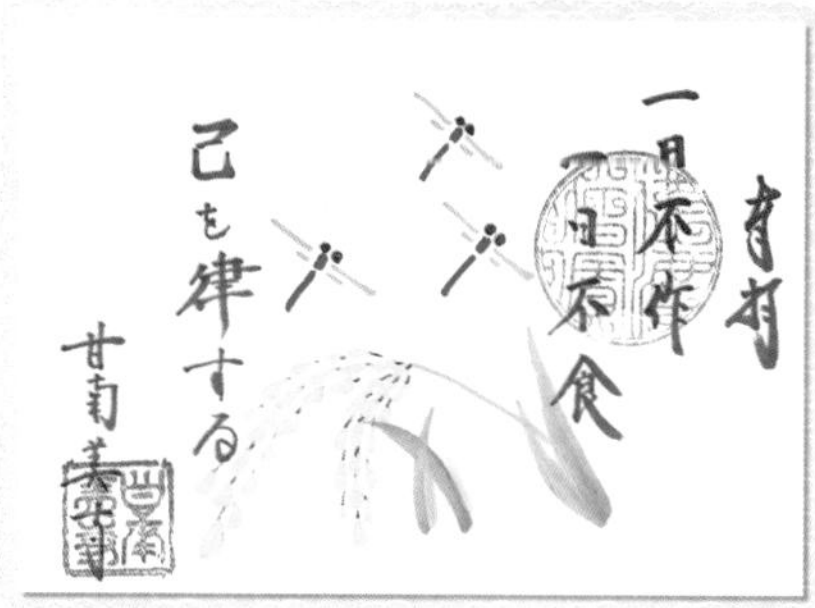

右の字…奉拝／中央の字…右・一日不作 左・一日不食／左の字…右・己を律する 左・甘南美寺／右の印…仏法僧宝(三宝印)／左の印…甘南美寺／中央の絵…赤とんぼ、稲穂

存在感を放つ墨絵の達磨大師に注目

右の字…奉拝／中央の字…廓然無聖 心ははればれ／左の字…甘南美寺／右の印…仏法僧宝(三宝印)／左の印…甘南美寺／中央の絵…達磨大師

ココだけの御朱印帳！

☝御朱印の絵柄のひとつでもある、福だるまが表紙に描かれた御朱印帳。色は写真の2種類。各1500円

ご利益おもちかえり

本尊御守 500円

☝ご本尊・千手観世音菩薩のお守り。白と青と赤の3種類あります

ミニ御守 300円

☝携帯に便利なミニお守り。財布や名刺入れなどに入れられます

DATA 甘南美寺
臨済宗《りんざいしゅう》
白華山《はっかざん》
千手観世音菩薩《せんじゅかんぜおんぼさつ》
不明　八ツ棟造《やつむねづくり》
住 岐阜県山県市長滝27-11
交 樽見鉄道本巣駅から車で30分
料 無料

+αメモ／本堂の正面には馬頭観音が祀られており、古くから牛馬の健康を願う信仰も盛んでした。今でも多くの公営競馬の関係者が参詣されているそうです。

静岡

葛飾北斎も目を奪われた景勝地

法蔵寺

●ほうぞうじ

バラエティ豊かな御朱印で、近年人気となっている寺。裏山の眺望地から眺める富士山の絶景も必見です。

本堂は平成14年に新築されました

長禄2年（1458）に日蓮宗に改宗し、後に身延山の末寺となりました。日蓮聖人が、身延に向かう道中に住民のため書き残したと伝わる雨乞曼荼羅本尊が寺宝。境内には、鬼子母神、七面大明神などが祀られた守護神堂もあります。また、葛飾北斎が『冨嶽三十六景』のひとつ「駿州片倉茶園ノ不二」を描いた場所であるといわれていることでも有名です。

葛飾北斎の名作に思いを馳せる

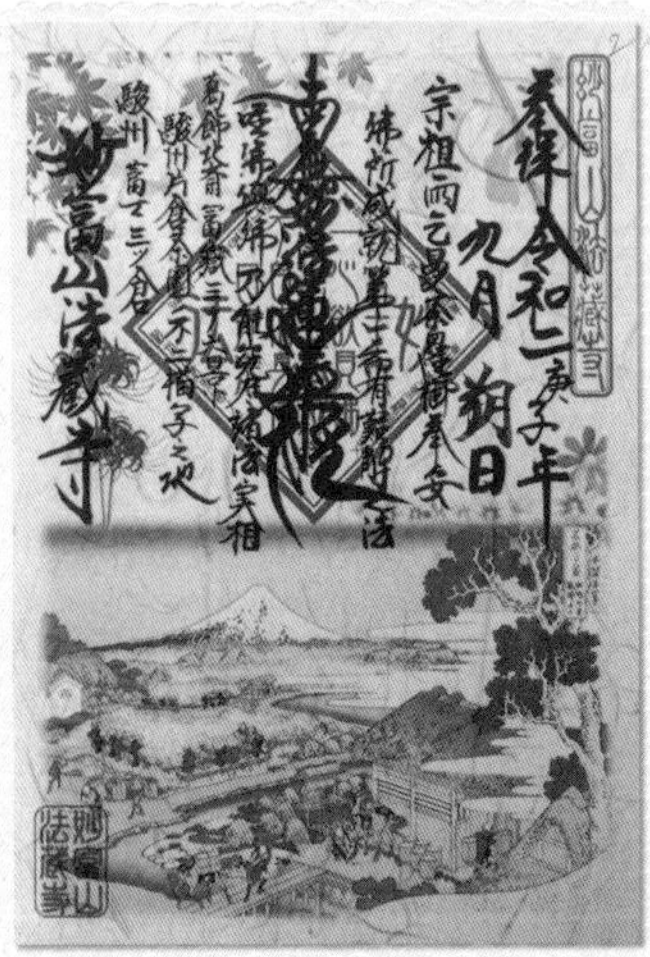

富嶽三十六景『駿州片倉茶園ノ不二』の御朱印は、季節によりデザインが変わります

右の字……奉拝
中央の字…南無妙法蓮華経
左の字……妙富山法蔵寺
右の印……妙富山法蔵寺
中央の印…一心欲見仏 不自惜身命 富士山日蓮宗 妙法
左の印……妙富山法蔵寺

かつてはここから見下ろす場所に茶屋があったのかもしれません

ココにも注目！

境内の高台にある「駿州片倉茶園ノ不二」を描いたとされる場所。構図は似ていますが、真偽はまだ調査中なのだそう

金紙に墨字のコントラストが豪華

近年増えているという金紙の御朱印帳に対応した御朱印も、たくさん用意しています

右の字……奉拝
中央の字…北辰妙見大菩薩
開運
善星皆来
悪星退散
左の字……上・富士妙富山
下・合掌
法蔵寺
中央の印…仏法僧宝（三宝印）
左の印……妙富山法蔵寺

ココだけの御朱印帳！

表紙は富士ヒノキ、中は金紙という豪華なオリジナル商品。木の香りが清々しい。4500円

ご利益おもちかえり

御朱印帳袋 各3000円

畳の縁の素材を使って手縫いで仕上げた逸品。富士山をデザイン

DATA 法蔵寺

日蓮宗
妙富山《みょうふざん》　法華経曼荼羅
長禄2年(1458)　入母屋造
住 静岡県富士市中野635
交 JR身延線入山瀬駅から車で10分
料 無料

+αメモ／冬は本堂のライトアップ、初夏には境内で寺フェスを行うなど、寺に親しんでもらうためのイベントをいろいろ開催しています。詳しくはフェイスブックをチェックしてみて。

静岡

龍のパワーを授かれる場所

永福寺
●えいふくじ

こちらの寺を有名にしているのは、本堂の天井に描かれた天井画。天井画家の斎灯サトル氏による、畳64枚分もの巨大な龍の絵は大迫力です。御朱印も、この天井画やイラストレーターのえだむらかつみさんの作品をモチーフにしたカラフルなものが揃います。

☝境内には本堂のほか、33年に一度開帳される来福観音を祀った観音堂や、市の天然記念物に指定されているイヌマキの木などがあります

ココにも注目！

☝天井には3体の龍が描かれていて、それぞれ少年、青年、成熟の龍を表しています

今にも動き出しそうな龍の迫力が圧巻

右の字……奉拝
中央の字……感謝
左の字……南浦山永福寺
中央の印……上・仏法僧宝(三宝印)
下・龍の天井画
左の印……来福之永福寺

☝御朱印をいただける日時は限られています。ホームページで確認を。書き置きのみの対応なので注意

ココだけの御朱印帳！

☝えだむらかつみさんデザインの限定御朱印帳が不定期で登場。料金志納

DATA 永福寺

臨済宗
南浦山《なんぽざん》　聖観世音菩薩
入母屋造

住 静岡県掛川市千浜6144-1
交 JR東海道本線掛川駅から静鉄バス掛川大東浜岡線で50分、千浜下車、徒歩5分
料 無料

+α メモ／坐禅会や、オリジナルの数珠作り体験、本堂でのヨガ教室、境内での音楽祭など、さまざまなイベントやワークショップを開催しています。興味のある人は問い合わせてみて。

静岡

河童伝説を持つ創建700年の古刹

栖足寺
●せいそくじ

鎌倉時代に、下総総倉（現在の千葉県市川市）城主・千葉勝正の子どもであった徳瓊覚照禅師によって開山。寺のすぐ近くを流れる河津川の河童が村人に捕まっていたのを、和尚が助けたところ、お礼に瓶を置いていったことから河童寺と呼ばれるように。

ココにも注目！

☝本堂の天井にある99枚の天井絵は日本古来の植物画。詳細は不明だが、約200年前の貴重なものだと伝わっています

正しい道理を説く「喝破」の文字が迫力

右の字…河童寺　喝破／右の印…上・鳳儀山　創建一三一九年栖足寺　下・河童龜　中・仏法僧宝(三宝印)／中央の印…上・河童／下・栖足禅寺／左の印…河童禅師像　栖足禅寺

ココだけの御朱印帳！

☝かっぱがキュート。ほかにもデザイン違いで御朱印帳は全3種類ある。各2000円

ご利益おもちかえり

河童絵馬 700円

☝あまりの可愛さに、お守りとして持ち帰る人が多いという人気の品

守り石入れ袋 300円

☝境内にある守りの井戸の石を持ち帰るための袋。護身・水難除けに

DATA 栖足寺

臨済宗
鳳儀山《ほうぎさん》　釈迦牟尼仏
元応元年(1319)　寄棟造

住 静岡県賀茂郡河津町谷津256
交 伊豆急行線河津駅から徒歩8分
料 無料

+α メモ／本堂に安置された河童の瓶は要予約、500円で見学可能。耳を当てると、サラサラと川のせせらぎが聞こえるので、ぜひ体験をしてみて。

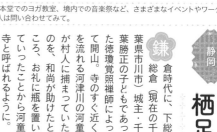

個性的でユニークな御朱印

ご住職が思いをこめて自ら手彫りされたはんこなどを使った唯一無二の御朱印です。温かな雰囲気に心までほっこりします。

☝手前がご本尊を安置する元禄6年(1693)築の本堂、奥が安政元年(1854)に建てられた大師堂。前者は4月第3日曜、後者は6月15日前の日曜にご開帳されます

撮影ポイント

☝寛文8年(1688)築の仁王門。寛文7年(1687)に造像された2体の金剛力士像が安置されています

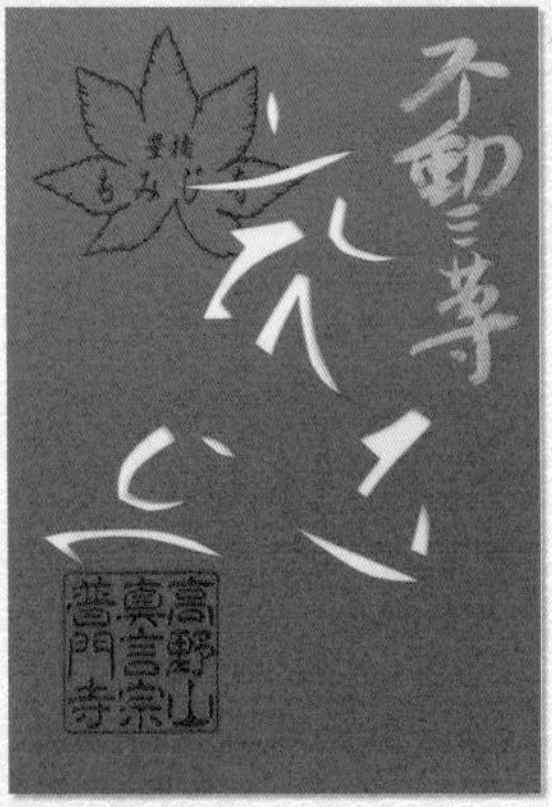

先代住職40年以上の熟練技の賜

右の字…不動三尊／中央の彫字…上・カン(梵字)不動明王　右下・タラ(梵字)矜羯羅童子　左下・タ(梵字)制多迦童子／左の印…上・豊橋もみじ寺　下・高野山真言宗普門寺

☝不動三尊の切り絵御朱印。季節替わりのお姿入り見開き御朱印付きです

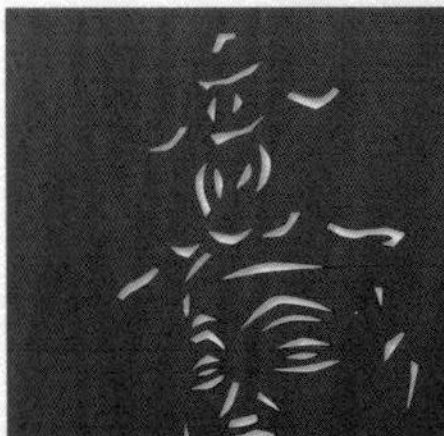

中央の彫絵…聖観世音菩薩／左の印…高野山真言宗普門寺

☝通常の切り絵御朱印。観音様のほか、不動様、大黒様など5種類あります

ココだけの御朱印帳

☝仁王門に安置されている金剛力士像が迫力満点です。見開き御朱印帳3000円

愛知

普門寺 ふもんじ

開山1300年、豊橋のもみじ寺

高野山本堂で飾られる縁起物の切り紙「宝来」の技をいかし、先代のご住職が手切りされる御朱印が話題です。

奈良時代に行基《ぎょうき》が自ら聖観音を彫り開山。嘉応年間(1169～1171)に焼失しますが、源頼朝により復興。戦国から江戸時代にかけては今川義元、徳川家康など代々領主の庇護を受け、

国の重要文化財に指定される6体の仏像をはじめ、市内最多の文化財を所蔵する名刹です。船形山《ふながたやま》山麓の豊かな自然のなかにあり、新緑、紫陽花、紅葉と、四季の美しい移ろいを愛でつつ参拝が楽しめます。

ご利益おもちかえり

開運もみじ守500円

☝もみじは予兆を示す神聖な木。ご本尊の観音様の梵字「サ」を刻印

一願成就守500円

☝ひとつの願いを込めて身につけ、成就したのち普門寺へ納めるお守りです

DATA 普門寺

高野山真言宗　船形山《せんぎょうさん》

聖観世音菩薩《しょうかんぜおんぼさつ》　神亀4年(727)

住 愛知県豊橋市雲谷町ナベ山下7

交 JR東海道本線新所原駅北口から車で10分

料 無料

+αメモ 11月下旬～12月上旬にはもみじ祭りが開催され、秋限定御朱印の授与が行われます。仁王門付近では、紅葉とヒマラヤザクラを一緒に楽しめます。

愛知

真如寺

●しんにょじ

時代にあった取り組みに挑むお寺

趣向を凝らした御朱印やイベント、マルシェなど、誰もが訪ねたくなる、魅力あふれるお寺です。

平安時代に佐久島《さくしま》に建立されたのが起源とされ、その後、室町時代に東幡豆《ひがしはず》、正保年中（1644～1648）に現在地へと移転。三河地方有数の大伽藍を誇る、形原、西浦地区、幡豆の一部の西山深草派《せいざんふかくさは》の本寺です。「新しいお寺のカタチ」として時代にあった取り組みをし、飛び出す御朱印、かわいいキャラクターの御朱印など、笑顔になれる御朱印をいただけます。

御朱印帳に貼り込むとまるで飛び出す絵本！

右の字……奉拝
左の字……形原海性山 真如寺
左の印……上・仏法僧宝（三宝印）下・海性山 真如寺
中央の絵…阿弥陀如来

書き置きの御朱印で、御朱印帳に貼り込み開くと、阿弥陀様が立ちあがります。親しみあるキャラクターはご住職の奥様が考案されました

みんなに開かれたお寺！

本堂内に納経所が設けられ、弘法大師像も奉安されています

三河新四国53番・54番の札所でもあります

本堂向かって左手には、鎮守社である稲荷社が

絵画のような季節感あふれる一枚

右の字……奉拝
中央の字…紅葉添秋色
左の字……真如寺
右の印……仏法僧宝（三宝印）
左の印……海性山真如寺
左右の絵…紅葉と石灯籠

月、季節、干支の御朱印はいずれも月替わり（写真は季節の御朱印）。直書きは御朱印帳を預け、後日取りに行くか郵送で

ココだけの御朱印帳！

江戸時代の絵師・伊藤若冲の作品にインスパイアされ描きおこしたものや、地元アーティストとコラボしたものなど、6種いずれもオリジナル！

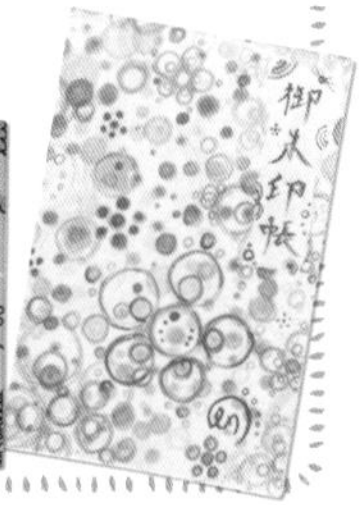

スタンダードな基本御朱印も8種類！

右の字…奉拝／中央の字…法性真如海／左の字…形原海性山真如寺／中央の印…仏法僧宝（三宝印）／左の印…蒲郡市形原町真如寺

所蔵される仏様や境内社の御朱印と、三河新四国札所の御朱印があります

DATA 真如寺

浄土宗
海性山《かいせいざん》　阿弥陀如来《あみだにょらい》
不明　入母屋造《いりもやづくり》

住 愛知県蒲郡市形原町石橋11
交 名鉄蒲郡線形原駅から徒歩7分
料 無料

+αメモ　法務の都合上、御朱印対応日・対応時間が設けられていますので、HPのカレンダーを確認のうえ出かけましょう。対応日以外は書き置きも、御朱印帳もいただくことができませんのでご注意を。

愛知

松月寺 ●しょうげつじ

四季桜で有名な小原地区の禅寺

多彩な印を使ったカラフルな御朱印で人気急上昇！
四季桜と紅葉が同時に楽しめる名所でもあります。

境内に春と秋の二度開花する四季桜が植樹され、紅葉シーズンには多くの参詣者でにぎわう松月寺。令和時代をきっかけに加色した御朱印の授与を始めたところ、一年を通じて全国から参詣者が訪れるように。ご本尊の釈迦牟尼仏《しゃかむにぶつ》をはじめ、七福神、弘法大師像など、多くの神仏があり、境内社の小原稲荷では豊川稲荷から分霊された豊川吒枳《だき》尼真天《にしんてん》を祀っています。

二柱の神様をお迎えして幸せ2倍！

右の字…奉拝／中央の字…右・釋迦如来　左・荼枳尼天／左の字…小原稲荷松月寺／中央の印…右・仏法僧宝(三宝印)　左・荼枳尼天／周囲の印…月替わりの風物詩／左の印…上・小原稲荷　下・大栄山松月寺

☞ご本尊の釈迦如来とお稲荷様の荼枳尼天を組み合わせたハイブリッド御朱印です

自分の誕生月にいただけます

右の字…右・奉拝　左・釋迦如来／中央の字…松月寺／左の字…上・奉祝　中・お誕生日おめでとう　下・小原稲荷松月寺／右の印…右・大栄山　左・仏法僧宝(三宝印)／中央の印…上・小原稲荷　下・大栄山松月寺／左の印…上・仏法僧宝(三宝印)　中・小原稲荷　下・大栄山松月寺

通常のご本尊の御朱印もあります

右の字…奉拝／中央の字…釋迦如来／左の字…小原稲荷松月寺／右の印…大栄山／中央の印…仏法僧宝(三宝印)／左の印…上・小原稲荷　下・大栄山松月寺

☞シンプルなご本尊とお稲荷様の通常御朱印も定番

☞豊田市の名木に指定される樹齢300年のイロハモミジも必見です

ココにも注目！

小原地区には約1万本もの四季桜が植栽されています。3月中旬～4月上旬、10月下旬～12月上旬の年に二度、花が咲きます。なかでも一番の見頃は11月

天保4年(1833)本堂に建立。昭和28年(1953)に瓦葺に改修

☞小原稲荷の拝殿は裏山の参道の途中にあります。豊川稲荷から分霊された豊川吒枳尼真天を祀っています

DATA 松月寺

曹洞宗　大栄山《だいえいざん》

釈迦如来《しゃかにょらい》　不明

住 愛知県豊田市大坂町168

交 名鉄豊田新線豊田市駅からおいでんバス小原・豊田線で30分、大坂下車、徒歩5分

料 無料

+αメモ／御朱印は対応日がありますので、SNSで確認のうえお出かけください。また、お寺ヨガなども開催していますので、こちらもチェック！

愛知

宗龍寺●そうりゅうじ

不動明王《ふどうみょうおう》を祀る隠れた名所

お話好きの、穏やかでやさしいご住職がお出迎え。「消しゴムはんこのお寺」としても知られています。

奈良県の久米寺《くめでら》から ご本尊の不動明王を招来し、創建された真言宗御室派《しんごんしゅうおむろは》のお寺です。かわいいと評判の御朱印は、ご住職が手ずから彫られた消しゴムはんこによるもの。忿怒相《ふんぬそう》といわれる怖い顔をした不動明王も、イラストタッチの愛嬌あるお姿で押印されています。阿修羅《あしゅら》や千手観音《せんじゅかんのん》など、さまざまな仏様の消しゴムはんこで仕上げた絵はがきやしおりも人気です。

はさみ紙もかわいい

☝御朱印は本堂のなかでいただきます。のんびりとご住職とのお話を楽しまれる方も多いとか ☝ウクレレ教室、絵手紙教室などのイベントも不定期開催 ☝ご住職による切り絵も展示

不動明王と脇侍の見開き版

右の字…右・奉拝／左・不動明王／左の字…宗龍寺／右の印…右・靈法山 上・カン(梵字)／中央 下・三宝印／中央の印…右・矜羯羅童子 中・不動明王 左・制多迦童子 下・龍／左の印…上・鈴と葡萄(月替わり) 下・靈法山宗龍寺之印

☝御朱印は津島を盛り上げるために始められました。基本は直書きです

文字を中心に置いた1ページ版もあります

右の字……奉拝
中央の字…不動明王
左の字……宗龍寺
右の印……靈法山
中央の印…上・カン(梵字)不動明王 下・仏法僧宝(三宝印)
左の印…上・不動明王 下・靈法山宗龍寺之印

☝見開きとは異なる不動明王の消しゴムはんこが押印されます

ココだけの御朱印帳！

赤と紺の2色あり

☝金彩された不動明王を表紙にデザイン。各1500円。五色の御朱印帳バンドは300円

ご利益おもちかえり

しおり 志納料

☝さまざまな仏様の消しゴムはんこを押印したしおりが揃います

絵はがき 志納料

☝消しゴムはんこによる絵はがき。心に響く言葉を選んでください

DATA 宗龍寺

真言宗
靈法山《れいほうさん》 不動明王《ふどうみょうおう》
昭和27年(1952) 入母屋造《いりもやづくり》
住 愛知県津島市中之町86
交 名鉄津島線津島駅西口から徒歩15分
料 無料

+α メモ／御朱印はご住職が在寺の際は直書きでいただけますが、ご不在の場合は本堂にて書き置きでの対応となります。ご住職の在寺予定はHP(https://so-ryu-ji.crayonsite.info)にて確認を。開門時間は9〜17時頃。

歴史上の人物に思いをはせて

神社仏閣と歴史上の偉人は、切っても切り離せない関係です。菩提寺となっていたり、死後に神格化されたりと関わり方はさまざま。予習をしてからお参りすると、さらに感慨深いものですよ。

静岡

源氏復興を語るに欠かせぬ古社
三嶋大社《みしまたいしゃ》

源頼朝と北条政子も魅せられた二柱を総称する三嶋大明神は霊験あらたか!

伊豆国の一宮で、旧社格は官幣大社と非常に社格が高く、古くから崇敬を集めてきました。特に伊豆に流された源頼朝からの信仰は篤く、祈願した源氏再興が成ると、社領や神宝を多数寄せるなどしています。御祭神は大山祇命と積羽八重事代主神の二柱で、大山祇命は山森農産の守護神、事代主神は福徳の神ということで、非常に多くの御神徳が期待できそう。

社殿は慶応2年(1866)竣工で、国の重要文化財に指定されている名建築です。伊豆の名工として知られる、小沢半兵衛・希道父子一派により施された精巧な彫刻にも注目です

境内のお休み処では、銘菓・福太郎を食べられます

ココにも注目!

境内には見どころがたくさんあります。神門(左上)は、慶応3年(1867)竣工。こちらも社殿と同じく精緻な彫刻が見られます。源頼朝が腰掛けて休んだと伝わる腰掛石(左下)がこちら。右の小さな石には、妻の北条政子が腰掛けたのだとか。神様を乗せて、毎朝箱根に登るといわれている神馬(右上)。さまざまな神事で奉納芸能が行われる芸能殿(右下)

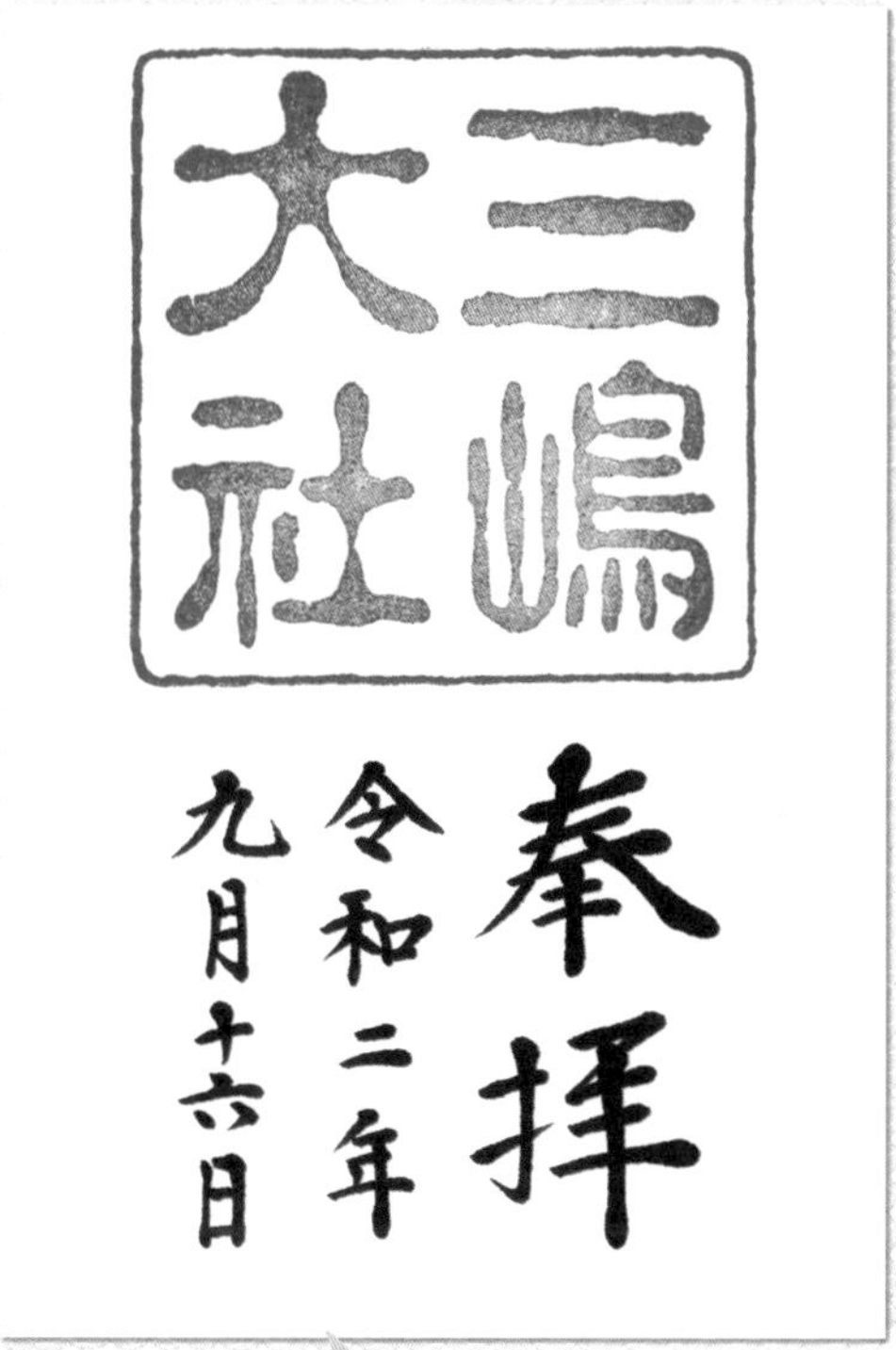

☝樹齢1200年と推定される金木犀は、今も毎年9月上旬と下旬に花をつけて、甘い香りを漂わせます

☝市杵嶋姫命をお祀りし、北条政子が勧請した厳島神社(上)。宝物館(下)には、北条政子が奉納した国宝の「梅蒔絵手箱」の模造復元品を展示しています

凛々しさを感じる筆使いが素敵

中央の字…奉拝
中央の印…三嶋大社

☝シンプルさを極めたデザインの御朱印といえるでしょう。それでいて墨書と押し印のバランスは絶妙で、気品を感じさせます

DATA 三嶋大社

大山祇命《おおやまつみのみこと》・積羽八重事代主神《つみはやえことしろぬしのかみ》

不詳(奈良時代以前)　三間社流造

住 静岡県三島市大宮町2-1-5
交 JR東海道本線三島駅から徒歩15分
料 無料

ココだけの御朱印帳!

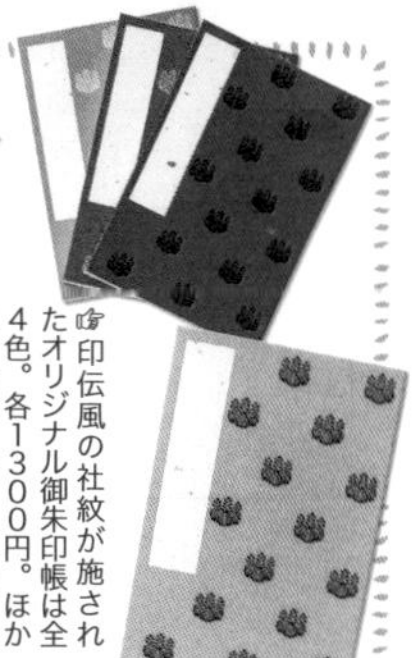

☝印伝風の社紋が施されたオリジナル御朱印帳は全4色。各1300円。ほかに、大振りなサイズの御朱印帳も用意されています

ご利益おもちかえり

福鈴 300円

☝鳴らせば福が訪れるというお守り、紫、黄、緑、ピンクもあります

香り守 800円

☝境内に咲く金木犀の香りを閉じ込めてあるのでとてもいい香りです

こちらもCHECK

◆楽寿園

三島駅のすぐ近くにある公園で、豊かな自然林と湧水をたたえる小浜池の織りなす景観は、国の天然記念物および名勝に指定されています。明治23年(1890)に建てられた小松宮彰仁親王の別邸・楽寿館の襖絵や天井画も必見です。☎055-975-2570 住三島市一番町19-3 交JR三島駅から徒歩2分 料入園300円 時9～17時(11～3月は～16時30分、最終入園は各30分前) 休月曜(祝日の場合は翌日)

◆源兵衛川

楽寿園の小浜池を水源に、市内の溜池まで流れる全長約1.5㎞の農業用水路。富士山の伏流水は「平成の名水百選」に選ばれるほど水質が非常にきれいで、市街地でありながら初夏にはホタルも舞うというから驚きです。飛び石を渡りながら水辺を散策できるコースは、とても清々しいですよ。☎055-971-5000(三島市観光協会) 住三島市芝本町ほか 交JR三島駅から徒歩5分 料時休散策自由

◆うなぎ桜家

富士山の伏流水に2～3日泳がせ、臭みを抜いた「三島うなぎ」は、今や全国に知られるブランド食材。こちらの店は、安政3年(1856)創業の、三島を代表する老舗で、昼時にはいつも行列ができるほど人気です。うなぎ重箱(2枚)4400円。☎055-975-4520 時三島市広小路町13-2伊豆箱根鉄道三島広小路駅から徒歩1分 時11～20時(売り切れ次第終了) 休水曜(祝日の場合は営業)

+α メモ／毎年8月15～17日に行われる例祭は、手筒花火神事や流鏑馬神事などが奉納されます。また、これに合わせて市内各所でさまざまなイベントが行われ、街は多くの観光客で賑わいます。

静岡

戦上手の家康公にあやかり勝負に勝つ！

久能山東照宮

●くのうざんとうしょうぐう

戦国時代を勝ち抜き、徳川幕府を開いた家康公が埋葬された聖地。絢爛豪華な社殿群には、思わず目を奪われます。

徳川家康公の遺言に従い久能山に遺体が埋葬され、２代将軍・秀忠の名によって久能山東照宮は建てられました。徳川家にまつわる重要な建物をいくつも担当した中井正清によって築かれた社殿は、平成22年（２０１０）に国宝に指定されています。当時の最高技術を結集した絢爛豪華な社殿と建造物群は、江戸時代初期の歴史的建造物として参拝者の目を楽しませてくれます。

黒漆と朱塗りを巧みに使い分け、バランスよく彫刻と錺(かざり)金具をあしらうことで、荘厳華麗な雰囲気を醸し出しています

ココにも注目！

社殿や唐門は、信じられないほど精緻な彫刻で覆われています。下は、中国の故事「司馬温公の甕割り」を表した彫刻です。どこにあるか探してみて

当時の最高技術が注ぎ込まれた絢爛豪華な意匠に注目！

楼門に掲げられた「東照大権現」の扁額は水尾天皇の揮毫。左右の柵内には、角のある狛犬と、角のない獅子が据えられています。どちらもきらびやかな金色です

徳川家の家紋・三つ葉葵がそこかしこにあしらわれています

境内の最奥にある神廟は、家康公の遺骸を埋葬した場所。遺言により、家康公ゆかりの鳳来寺や大樹寺、岡崎城などがある西向きに建てられました

朱塗りの鼓楼は、創建当時は鐘つき堂でしたが、神仏分離の際に鐘が取り払われ太鼓に替わったため、今の名前になったそうです

家康公の武運にあやかれそう

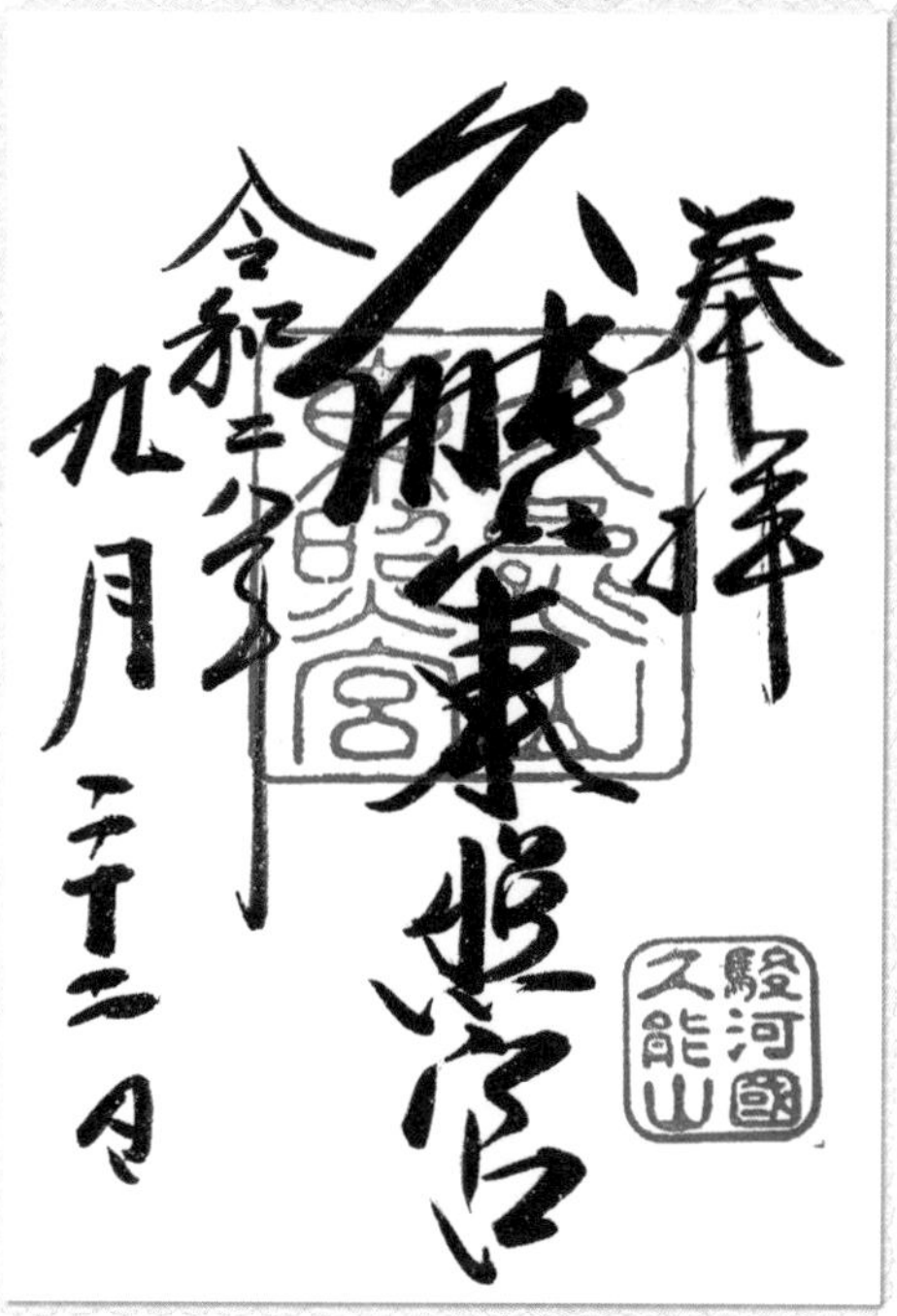

右の字…奉拝
中央の字…久能山東照宮
右の印…駿河國久能山
中央の印…久能山東照宮

杉の木の香りが清々しい

右の字…奉拝
中央の字…東照宮
中央の印…久能山東照宮
☞令和2年8月から頒布開始された御朱印。3本の幹の先にある6つの「木」を心がければ心豊かに過ごせるという家康公の教えを表現

☞久能山東照宮博物館では、スペイン国王から家康公に贈られた洋時計や歴代将軍の甲冑など、貴重な展示品を間近に見ることができます

☞久能山東照宮へ徒歩でお参りするには、参道の一番手前にある石鳥居から1159段の石段を登らなければなりません。なかなかの体力が必要なのですが、頑張れば駿河湾を見下ろす絶景のご褒美が待っています

ご利益おもちかえり

出世御守 1000円
☞刀の金型と家康公の具足が勇ましい。身につければ出世間違いなし

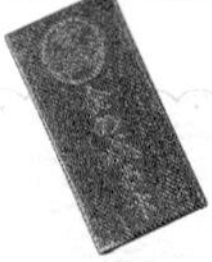

金の成る木守 1000円
☞家康公が残した逸話に因み、持つ人が豊かな気持ちになるよう祈願

ココだけの御朱印帳!

☞鎮座400年を記念して2017年に制作されました。1800円(御朱印込)

日本平からのアクセスが楽ちん

境内へは、日本平ロープウェイ(往復1100円)を利用するのが一般的です。日本平は静岡を代表する景勝地で、富士山や伊豆半島、北には南アルプスも望めます。2018年には、日本平の歴史や文化をタッチパネルで見られる「展示スペース」、景色を楽しみながらくつろげる「ラウンジスペース」、そして「展望フロア」で構成される日本平夢テラスもオープンしました。

DATA 久能山東照宮
徳川家康
元和3年(1617) 権現造
住 静岡県静岡市駿河区根古屋390
交 JR東海道本線静岡駅からしずてつジャストラインバス日本平線で50分、終点下車、日本平ロープウェイに乗り換え5分、久能山下車、徒歩すぐ
料 500円(博物館との共通券800円)

+α メモ / 境内には、家康公が自ら植えたと伝わる「実割梅」をはじめ、多くの梅や桜の木があります。12月下旬の寒桜にはじまり、実割梅、八房梅、河津桜、寒緋桜、大寒桜、しだれ桜、鹽竈桜、八重桜と4月中旬まで楽しめます。

愛知

信長の父・信秀が菩提寺として建立 万松寺《ばんしょうじ》

大須商店街のにぎわいのなかにある織田家の菩提寺です。信長の逸話を描いたからくり人形や信秀の墓碑も必見！

創建当初は現在の中区錦一帯にありましたが、名古屋城築城にあたり、家康の命により、慶長15年（1610）年にこの地に遷されました。信秀の葬儀が万松寺で行われた際、喪主である信長が父の位牌に抹香を投げつけたというエピソードがあります。その場面などを再現したからくり人形も1日5回上演。名古屋城築城時には加藤清正の宿舎として利用されました。

新天地通りに面し、信長、清正ゆかりの身代不動明王、金運招福の白雪稲荷が

天色がクール！織田家菩提所の御朱印

右の字……奉拝
中央の字…上・菩提所
右・織田信秀公
左・初代尾張公
夫人春姫
左の字……名古屋萬松寺
右の印……三つ葉葵紋（徳川葵）
中央の印…木瓜紋（織田瓜）
左の印……亀嶽林萬松寺

周囲の景観に溶け込む本堂。3階の扉が開き、からくり人形が現れます

ココにも注目！

猛将であった織田信秀の墓碑。天文21年（1552）、死去。万松寺での盛大な葬儀の後、同寺に埋葬されました

龍が躍動する新作！

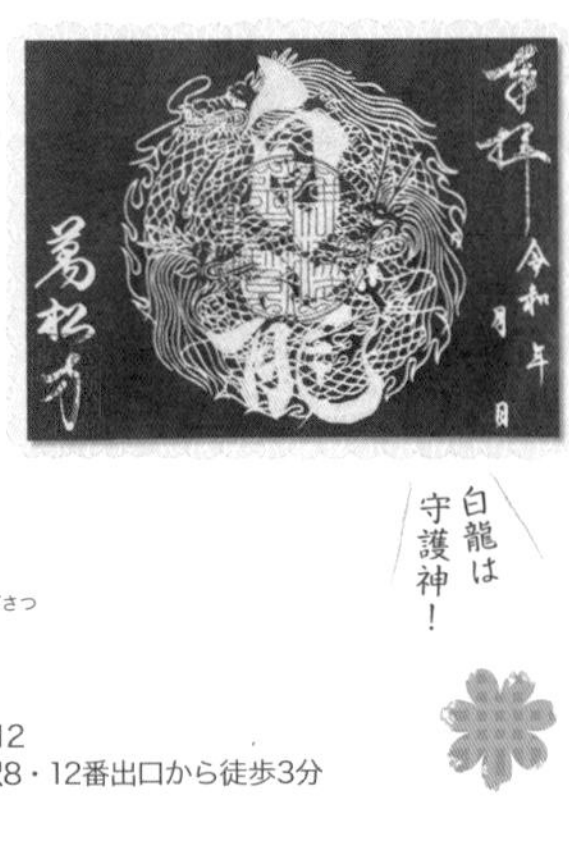

右の字……奉拝
中央の字…白龍
左の字……萬松寺
右の印……織田信長公父信秀公菩提所初代尾張藩正室春姫菩提所
中央の印…仏法僧宝（三宝印）
左の印……亀嶽林萬松寺
中央の絵…白龍

白龍は守護神！

ココだけの御朱印帳！

尾張の虎と呼ばれた織田信秀をモチーフにし、迫力満点！見開き版もあります。2000円

ご利益おもちかえり

身代不動御守 500円

身代不動明王のご利益をいただける定番のお守りです。朱と白の2種類

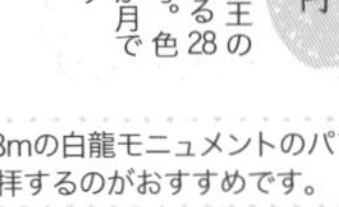

縁守り 500円

不動明王の縁日である28日のみ授与。色とご利益が月で変わります

DATA 万松寺

単立

亀嶽林《きがくりん》 十一面観世音菩薩《じゅういちめんかんぜおんぼさつ》

天文9年（1520）

住 愛知県名古屋市中区大須3-29-12

交 地下鉄鶴舞線・名城線上前津駅8・12番出口から徒歩3分

料 無料

+α メモ／本堂のからくり人形の上演は10・12・14・16・18時。ほかに、高さ8mの白龍モニュメントのパフォーマンスも11・13・15・17・19・20時に上演されますので、時間を合わせて参拝するのがおすすめです。

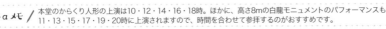

愛知

豊臣秀吉公の生誕地に創建

豊國神社

●とよくにじんじゃ

戦国一の大出世を果たした太閤・秀吉公にちなんで、出世開運や茶道、建築の神として親しまれています。

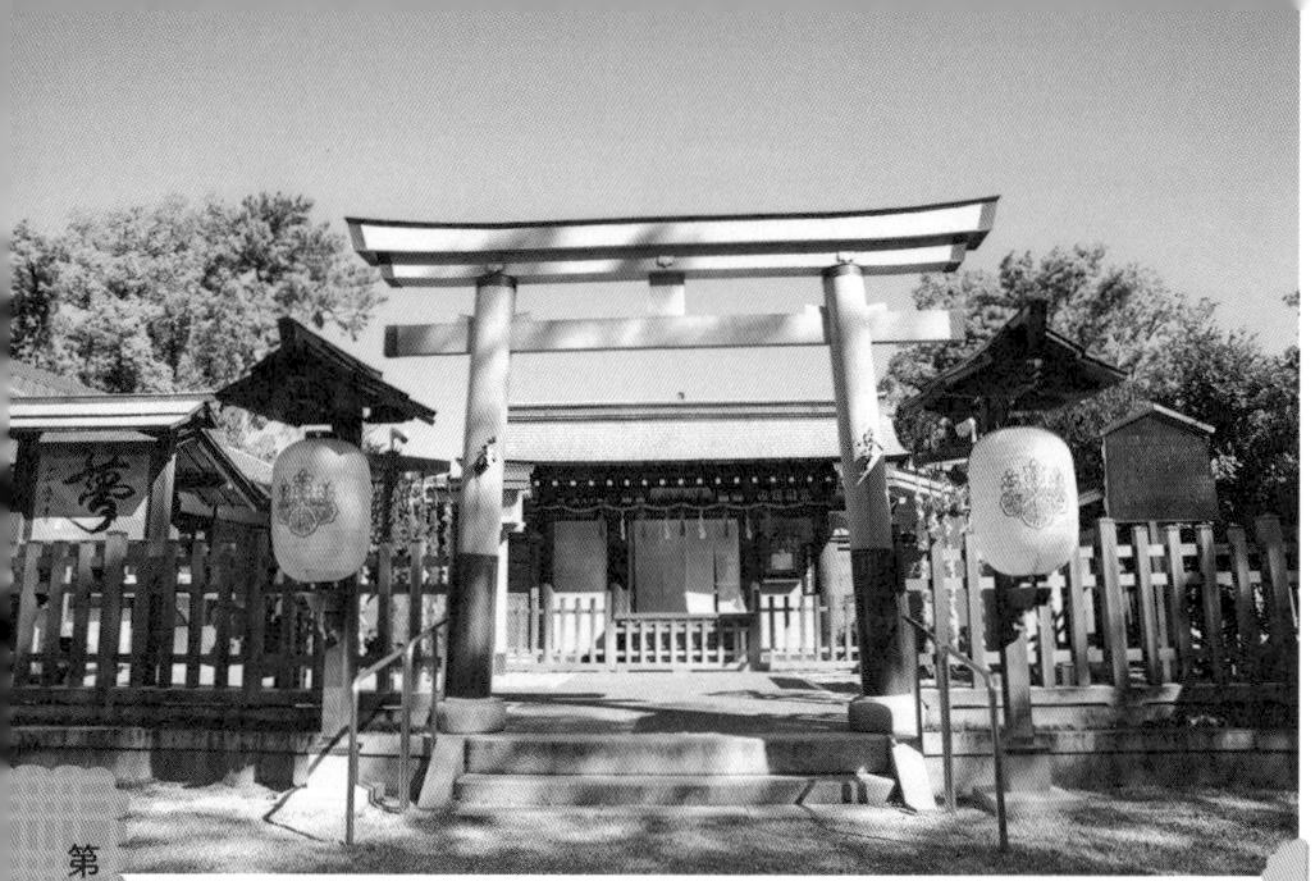

徳川政権下では豊臣家の神格化は御法度。明治時代に入り、秀吉公生誕地の荒廃を嘆いた県令（現・知事）国定廉平《くにさだれんぺい》の発令により、地元有志らによって創建されました。

農民から日本史上唯一の天下人にまでのぼりつめた秀吉公をご祭神に、全国から崇敬を集めています。本殿の裏手に鎮座する摂社では、秀吉公と親戚関係にあった武将・加藤清正公も祀られています。

鳥居の五七桐紋、拝殿神門の秀吉公肖像画、手水舎のひょうたんなど、至るところに秀吉公の存在が

秀吉公生誕之地と金の五七桐紋が粋！

右の字……尾張中村
中央の字…豊國神社
右の印……豊臣秀吉公生誕之地
中央の印…上・五七桐紋（豊臣家家紋）下・豊國神社

秀吉公の月命日、毎月18日の月次祭では紺色の和紙に金字の限定版をいただくことができます

ココにも注目！

2020年9月に新しい拝殿が完成しました。加子母ヒノキを使い、八角形の柱に八角形にくり抜いた天井など、縁起のいい末広がりの八づくめです

ご祈祷を受けると拝殿のなかに入ることができますので、ぜひ！

ひょうたんは縁起物！

開運絵馬500円。ひょうたん型と豊臣家家紋入りがあります

加藤清正公を祀る摂社。清正公社御朱印も授与しています

ココだけの御朱印帳！

秀吉公の馬印、千成瓢箪をモチーフにしたシンプルデザイン。裏表紙は豊臣家の家紋です。1500円

ご利益 おもちかえり

勝守 800円

秀吉公の成功にあやかり、あらゆる勝ち運を招いてくれるお守り

ひょうたん鈴守 800円

ひょうたんには人の心を動かす力があるといわれています

DATA 豊國神社

豊臣秀吉公《とよとみひでよしこう》

明治18年(1885)　流造《ながれづくり》

住 愛知県名古屋市中村区中村町木下屋敷
交 地下鉄東山線中村公園駅３番出口から徒歩10分
料 無料

+α メモ／地下鉄中村公園駅から神社へと至る参道入口に立つ、高さ24.5mの大きな朱塗りの鳥居も見どころです。参道では9のつく日(9・19・29日)に朝市「九の市」も開催しています。

愛知

日光、久能山と並ぶ三大東照宮のひとつ

鳳来山東照宮《ほうらいさんとうしょうぐう》

於《お》大《だい》の方が鳳来寺山に籠もり子授けを祈願、家康公を授かったと伝えられることから、3代将軍家光が造営を発願して創建されました。完成したのは4代家綱の時代で、江戸時代初期の建築法を残す貴重なものとして、国の重要文化財にも指定されています。

樹齢370年の杉木立のなかに鎮座します

ココにも注目！

家康公の武運にあやかり、弾除け守りに狛犬を削り戦地に運んだそうです。狛犬は丸くなり、江戸、昭和、平成の三代が並んでいます

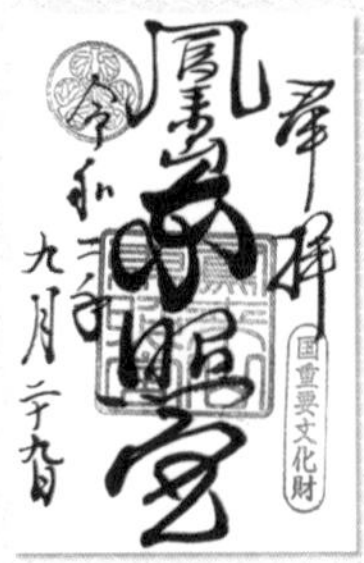

御朱印の王道をいく威厳あふれる内容です

右の字……奉拝
中央の字……鳳来山東照宮
右の印……国重要文化財
中央の印……鳳来山東照宮
左の印……三つ葉葵

書き置きと直書きがあり、直書きには家康公の遺訓を記したはさみ紙が付きます

ココだけの御朱印帳！

表は徳川家の三つ葉葵紋、裏には寅童子が。金づかいが贅沢。1700円

ご利益おもちかえり

木霊守 3000円

ご神木の一部を封じ込めてお守りに。日々を木霊の霊力とともに

寅童子 1000円～

寅年、寅の刻に生まれた家康公。開運、出世、子宝の縁起がいい

DATA 鳳来山東照宮

徳川家康公《とくがわいえやすこう》

慶安4年(1651)

入母屋造《いりもやづくり》

住 愛知県新城市門谷字鳳来寺4

交 JR飯田線湯谷温泉駅から車で20分(山頂駐車場から徒歩10分)

料 無料

+αメモ 本殿、拝殿、幣殿、中門、水屋、左右透塀が国の重要文化財に指定されています。社務所裏手の山道を少し登ると、本殿の配置を眺めることができます。

愛知

加藤清正公が生誕地に建立したお寺

妙行寺《みょうぎょうじ》

永禄5年（1562）に妙行寺付近で生まれた加藤清正公。妙行寺の創建は定かでありませんが、慶長15年（1610）に名古屋城築城の余材を貰い受け清正公が自身の生誕地に再建。清正公堂には肥後本妙寺の日遙《にちよう》上人が彫刻した清正公像が安置されます。

加藤清正公のご神体を安置する清正公堂。7月24日の大祭でご開帳されます

豊臣秀吉公の生誕地といわれる中村公園に隣接しています

ココにも注目！

境内に立つ加藤清正公像。武に優れ義に厚く、熊本藩の初代藩主としても親しまれています

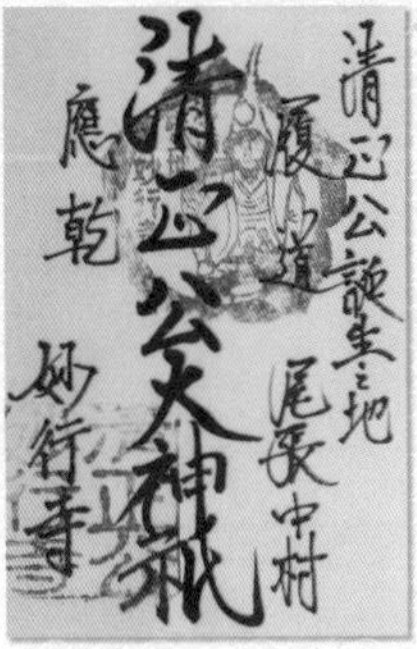

清正公晩年の印章「履道應乾」が心に響きます

右の字……右・清正公誕生之地 左・履道 尾張中村
中央の字……清正公大神祇
左の字……上・應乾 下・妙行寺
中央の印……清正公誕生地妙行寺
左の印……清正公 妙行寺

一歩引いてなすべきことをすれば道は開けます

御朱印は家紋の飴付き！

ご利益おもちかえり

兜前立お守り 各500円

清正公が兜に付けた前立に自筆のお題目を記した、ステッカーお守りです

清正キーホルダー 500円

石垣づくりの名手であった清正公は、名古屋城の築城にも貢献しました

DATA 妙行寺

日蓮宗

正悦山《しょうえつざん》

法華三法《ほっけさんぼう》

不明

住 愛知県名古屋市中村区中村町字木下屋敷22

交 地下鉄東山線中村公園駅3番出口から徒歩10分

料 無料

+αメモ 加藤清正公の生誕日、7月24日の大祭では、祈祷や清正公像のご開帳のほか、境内では縁日が開かれ、武将隊の登場やトークショーなども。ちなみに、清正公は生まれた日と同じ日に亡くなりました。

岐阜

幕末維新の英雄・龍馬が御鎮座

龍馬神社

●りょうまじんじゃ

幕末の志士・坂本龍馬を祀る神社。高知にある本家・龍馬神社より分霊、平成18年（2006）に日本で2番目の龍馬神社として創建されました。令和2年2月から毎月デザインが替わる限定御朱印を頒布。龍馬のキャラクターや家紋が入ったお守りも好評です。

☞月次祭や例大祭が行われる拝殿。各種ご祈祷も受けられます

龍馬と月替わりの挿絵がポイント

☞3月は春告鳥、4月は桜など毎月挿絵が替わります（各月30枚限定）

右の字…龍馬神社／中央の字…奉拝／右の印…神紋（坂本龍馬家紋）／中央の絵…上・満月、龍　下・坂本龍馬

☞毎月15日の月次祭（龍馬の命日）と正月三が日限定の御朱印です

右の字……上・奉拝　下・龍馬神社
中央の字…右・坂本龍馬　左上・直陰　左下・花押
中央の印…神紋（坂本龍馬家紋）

ご利益おもちかえり

龍馬神社の肌身守り（キャラクター）700円

☞龍馬のキャラクターが描かれた刺繍の御守りが人気を集めています

DATA 龍馬神社
坂本龍馬之命《さかもとりょうまのみこと》
平成18年(2006年)　不明
住 岐阜県中津川市千旦林1626
交 JR中央本線美乃坂本駅から車で8分
料 無料

+α メモ / 坂本龍馬の生誕180年を記念して御朱印の授与が始まりました。通常の御朱印は「龍馬神社」の大きな印が入っています(通常御朱印は初穂料300円、月替わりの御朱印は500円)。

静岡

『おんな城主直虎』の舞台にもなった古社

蜂前神社

●はちさきじんじゃ

武田信玄と徳川家康・織田信長連合軍による三方ヶ原戦いの本戦地で、家康が信玄に待ち伏せされたという説がある場所に鎮座する神社。女性ながら井伊家の当主となり、戦国の世を駆け抜けた井伊直虎の花押が記された唯一の古文書を所蔵しています。

☞基本的には無人社で、初穂料は賽銭箱に納めます

紫の台紙に気品が漂う

☞これ以外に、赤い紙に金で兜の印をあしらった御朱印もあります

右の字…奉拝／中央の字…蜂前神社／右の印…井伊直虎の花押／中央の印…上・社紋／下・延喜式内蜂前神社

☞苔むした鳥居が古の歴史を今に伝えています。厳かな雰囲気で背筋がピンと伸びるようです

ご利益おもちかえり

直虎守 500円

井伊直虎の女らしさとたくましさを併せ持つデザイン

開運守 500円

金と銀の社紋をあしらったシンプルだが重厚なお守り

DATA 蜂前神社
熯速日命《ひのはやひのみこと》・甕速日命《みかはやひのみこと》・武甕槌命《たけみかづちのみこと》
応神天皇11年(280)　不明
住 静岡県浜松市北区細江町中川6915
交 JR東海道本線浜松駅から遠鉄バス奥山、伊平行きで40分、祝田下車、徒歩5分
料 無料

+α メモ / 花押(かおう)とは、戦国武将などが公文書の最後に書いたサインのこと。名前の草書体を崩して、オリジナルのスタイルに仕上げる事が多かったようです。

花・紅葉の名所でいただく

春の訪れを告げる桜をはじめ、季節の花々や秋の紅葉など、移ろう自然美を感じられるのも寺社参拝の楽しみのひとつです。ベストシーズンを狙いすまして、花と紅葉の名所で御朱印を。

門前の桜と紅葉も見事！

飛騨・美濃桜33選・紅葉33選にも選定。桜は4月上旬～中旬、紅葉は11月中旬～12月上旬が見頃です

最後に本堂向拝にかかる青銅の鯉にふれて俗界に戻るのが慣わしです

明治12年（1879）再建の本堂へと続く参道　巡礼者が笈摺を納める笈摺堂　納め札を納める満願堂

岐阜

結願・満願のお寺として有名
華厳寺《けごんじ》

桜、紅葉の名所としてもにぎわう日本最古の観音霊場です。西国三十三所観音巡礼は日本遺産にも認定されました。

和 歌山の那智山青《なちさんせい》岸渡寺《がんとじ》を一番とする、西国三十三番満願霊場の33番、最後の札所。本堂入口の左右の柱には、満願の参拝をすませた巡礼者がふれて精進生活から開放される「精進落としの鯉」が掲げられ、本堂左奥には巡礼で使用した笈摺《おいずる》や笠などを奉納する笈摺堂、さらに石段を上った先に満願堂があり、広い境内は結願・満願の地らしい喜びと厳かな雰囲気に包まれています。

現世、過去世、未来世、3枚一緒にいただきます

右の字…谷汲山／中央の字…大悲殿／左の字…華厳寺／右の印…西国満願三十三番霊場／中央の印…キャ（梵字）十一面観世音菩薩　谷汲山／左の印…上・西国三十三所草創1300年谷汲山満願　下・美濃國谷汲山華厳寺

結願札所として花山法皇のご詠歌にちなみ3枚セットで授与。本堂(写真上)、満願堂(写真横右)、笈摺堂(写真横左)で、それぞれ現世、過去世、未来世を意味しています

これで満願成就

DATA 華厳寺
天台宗
谷汲山《たにぐみさん》　十一面観世音菩薩《じゅういちめんかんぜおんぼさつ》
延暦17年(798)　入母屋造《いりもやづくり》
住 岐阜県揖斐郡揖斐川町谷汲徳積23
交 樽見鉄道谷汲口駅から揖斐川町はなもも・ふれあいバスで10分、谷汲山下車、徒歩7分
料 無料(戒壇めぐり100円)

ご利益おもちかえり

階段めぐり鍵御守 700円
戒壇めぐりにある十一面観世音菩薩とつながる鍵を模したお守りです

満願御守 700円
精進落としの鯉にちなみ、満願成就と身体健康を祈願しています

+αメモ 本堂の内陣地下には、戒壇めぐりが用意されています。真っ暗闇のなかを手探りで進み、十一面観世音菩薩とつながる鍵にさわると、ご本尊とご縁が結ばれ、幸運に恵まれるといわれています。

愛知

色とりどりの紫陽花が境内を彩る

御裳神社
●みもじんじゃ

紫陽花で美しく彩られた花手水で一躍有名に！6月の「尾西あじさいまつり」は見逃せません。

☝拝殿は伊勢湾台風により倒壊の被害を受けるも、昭和38年(1963)に復興

古来より公武の崇敬が非常に篤く、尾張藩4代藩主・徳川吉通《よしみち》公の寄進により社殿が造営された歴史も。地元では一宮市の主要産業である織物・染色業の守護神として親しまれています。近年では境内に咲く約70種8000本もの美しい紫陽花で広く知られ、例年6月上旬～中旬の土・日曜に開催される「尾西あじさいまつり」は国内外より多くの人出でにぎわいます。

紫陽花の美しさを御朱印にも

右の字……奉拝
中央の字…御裳神社
中央の印…御裳神社
右の絵……アマビエ(疫病退散護符)
中央の絵…御裳神社と紫陽花

☝「尾西あじさいまつり」期間中の限定御朱印です。本殿と紫陽花が印刷されています

☝平成12年(2000)のご神苑の整備にともない紫陽花園が完成しました

紫陽花の花手水がSNS映え

☝御裳神社を一躍有名にしたのが花手水。「尾西あじさいまつり」の期間中のみ実施されます

社名と朱印によるシンプルな通常印

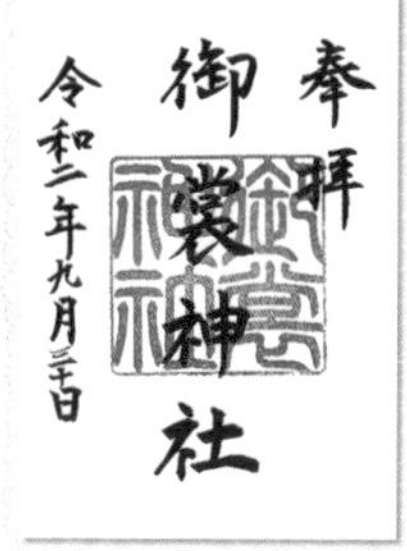

凛としてシンプル

右の字……奉拝
中央の字…御裳神社
中央の印…御裳神社

☝御朱印は月次祭などの行事が行われる際にしかいただけません。あらかじめ行事予定を確認して伺いましょう

ご利益おもちかえり

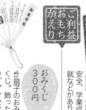

おみくじ300円

☝扇子のおみくじ。飾ったり、アクセサリーにしてもかわいいです

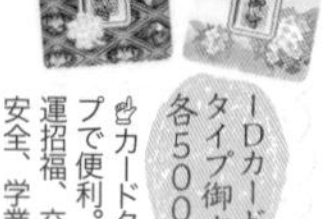

IDカードタイプ御守り各500円

☝カードタイプで便利。開運招福、交通安全、学業成就などがあり

DATA 御裳神社
天照皇大神《あまてらすすめおおかみ》・日本武尊《やまとたけるのみこと》・迦具土神《かぐつちのかみ》
寛徳2年(1045)　神明造《しんめいづくり》
住 愛知県一宮市三条宮西1145
交 JR東海道本線尾張一宮駅・名鉄名古屋本線名鉄一宮駅から名鉄バス西中野行きで15分、尾西消防署前下車、徒歩5分
料 無料

+αメモ／「尾西あじさいまつり」は6月上旬～中旬の土・日曜の2日間で開催されます。御裳神社の境内では民謡や詩舞、和太鼓などのパフォーマンスの披露も。19～21時には、境内の夜間ライトアップも行われます。

三重

結城神社

ゆうきじんじゃ

神苑を可憐に彩るしだれ梅が見事！

後《ご》醍醐《だいご》天皇に忠義を尽くし、建武《けんむ》中興《ちゅうこう》の大業に貢献した結城宗広《ゆうきむねひろ》公をお祀りします。神苑には約300本のしだれ梅が植栽され、例年3月上旬には満開に。白やピンクの可憐な花風景は圧巻の美しさです。「結」の字から縁結びをあやかりおまいりする人も。

☝2月上旬～3月下旬には「しだれ梅まつり」が開催されます。神苑梅園の拝観は期間中有料

☞境内に入ると真正面に社殿があります。梅園は向かって左手に

ココにも注目！

☞ご祭神・結城宗広公の墳墓。墓碑に刻まれた「結城神君之墓」は、津藩主の藤堂高兊による染筆

ご利益おもちかえり

開運厄除御守 500円

☝紅白のしだれ梅をモチーフに。チリーンと鳴る鈴の音も心地よし

蝶えんむすび 500円

☝仲睦まじい2匹のチョウチョをイメージしたかわいい縁結びお守り

丁寧で力強い筆さばきも印象的

右の字……伊勢津
中央の字…結城神社
中央の印…結城神社

☞御朱印は社殿右の授与所にて。直書きのほか書き置きもあります

DATA 結城神社
結城宗広朝臣《ゆうきむねひろあそん》
約700年前　不明
住 三重県津市藤方2341
交 JR紀勢本線・近鉄名古屋線津駅から三交バスイオンモール津南行きで20分、結城神社前下車、徒歩3分
料 無料(しだれ梅まつり期間中の神苑梅園の拝観は500円)

+αメモ／境内に鎮座する高さ1m40㎝の「日本一の狛犬」も見どころです。著名な彫刻家・北村西望氏による鋳銅製で、ご祭神六百年記念として昭和12年(1937)5月に奉納されたものです。

静岡

静岡縣護國神社

しずおかけんごこくじんじゃ

身代わり守護の霊験あらたか

明治維新から太平洋戦争にかけて、国事のために命を落とした静岡県出身の戦没軍人・軍属の英霊を神様としてお祀りしています。私たちの身代わりとなった7万6230柱もの英霊の御加護で、お参りすれば国難・家難などの災禍を防いでくれるはずです。

☞約7000本もの照葉樹林に抱かれるようにして社殿が立っています。3月下旬～4月下旬は、ソメイヨシノなど約150本の桜が咲き誇ります

☞一の鳥居から続く境内は、東京ドーム2つ分の面積を持つ自然の宝庫

ご利益おもちかえり

厄除御守 800円

☞厄年、八方除、厄難消除などにご利益が期待できます

交通安全御守 各800円

☞紅葉と新緑をデザインした、とてもキュートな2色展開

英霊の御霊の強い力を表現

右の字…奉拝／中央の字…静岡縣護國神社／右の印…英霊顕彰／中央の印…静岡縣護國神社

☞シンプルながら力強い墨書にパワーを感じます

ココだけの御朱印帳！

☞社殿と桜をデザインした艶やかな御朱印帳は、文字色違いの2種類。各1200円

DATA 静岡縣護國神社
護国の英霊76230柱
明治32年(1899)　流造
住 静岡県静岡市葵区柚木366
交 JR東海道本線静岡駅から車で10分
料 無料

+αメモ／毎年8月13～15日に行われる「万灯みたま祭」は、2万個にも及ぶ提灯に明かりが灯って、とてもロマンチックな雰囲気になります。連日19時30分と20時30分には、花火も打ち上げられて盛り上がるんです。

岐阜

文化財を多数所有する美濃の正倉院

横蔵寺 ●よこくらじ

22体の国の重要文化財を安置し、約200年前に即身成仏したという妙心《みょうしん》法師のミイラでも有名です。元亀2年（1571）、信長の兵火で焼失し、現在の本堂、三重塔、仁王門などは江戸時代に復興されたもの。秋の紅葉との調和は一見の価値があります。

☝飛騨・美濃紅葉33選に選定。紅葉の見頃は11月上旬～下旬です

ココにも注目！

☝瑠璃殿で文化財指定の21体の仏像を、舎利堂でミイラを拝観できます。見ごたえたっぷり！

ミイラのお姿が印象的な御朱印です

右の字…奉拝／中央の字…薬師如来／左の字…横蔵寺／右の印…上・両界山 下・入定妙心乾固佛身／中央の印…ベイ（梵字）薬師如来／左の印…両界山横蔵寺

☝ご本尊の薬師如来（本堂）と観音堂、2枚1セットでいただきます。瑠璃殿にて授与

右の字…奉拝／中央の字…十一面観音／左の字…横蔵寺／右の印…西美濃第一番／中央の印…キャ（梵字）十一面観音／左の印…両界山横蔵寺

ご利益おもちかえり

身代御守 800円

☝横蔵寺ご本尊のお守り。災いから守ってくれます。紫と朱色の2種類

幸せ夢叶う御守 500円

☝小ぶりなサイズなので、スマホや財布に付けやすいお守りです

DATA 横蔵寺

- 天台宗
- 両界山《りょうかいさん》
- 薬師如来《やくしにょらい》
- 延暦22年(803)
- 入母屋造《いりもやづくり》
- 住 岐阜県揖斐郡揖斐川町谷汲神原1160
- 交 樽見鉄道谷汲口駅から揖斐川町はなもも・ふれあいバスで20分、横蔵寺下車、徒歩すぐ
- 料 無料(瑠璃殿と舎利堂は拝観500円)

+α メモ 妙心法師は諸国で仏道修行を重ね、文化14年(1817)に断食の後、山梨県都留市の御正体山で即身成仏されたと伝わります。明治天皇の「故郷へ戻すように」とのお言葉により、横蔵寺に移されました。

岐阜

一枚絵のような庭園にうっとり

慈恩禅寺 ●じおんぜんじ

慶長11年（1606）、郡上八幡城主の遠藤慶隆《よしたか》により創建されました。江戸時代初期、初代半山禅師により作庭された荎《てつ》草園《そうえん》は市指定名勝です。苔むす園内に響き渡る滝の音と豊かな四季折々の風情が調和していて、心を和ませる郡上唯一の禅宗庭園です。

ココにも注目！

☝春の芽吹き、青紅葉から錦秋の彩り、侘び寂びの雪景色まで、四季折々の趣がある荎草園

☝枯山水の中庭もステキです ☝松尾半古宗匠により設置された、水琴窟の音色に癒やされます

ご本尊に配される季節のあしらいも趣のひとつ

☝薬師如来など4種の仏印は色和紙(直書き)です

右の字…奉拝／中央の字…荎草古道場／左の字…慈恩禅寺／右の印…鍾山 亀甲花菱紋（郡上八幡城主遠藤家の家紋）／中央の印…右・天上天下 唯我独尊 中・バク（梵字）釈迦如来 左・一切衆生 悉有仏性／左の印…上・紫の筆かしこくも法の宮下し給えり國護る寺 下・臨済宗 妙心寺派 慈恩護國禅寺 名勝 荎草園

ご利益おもちかえり

福多幸お守り 500円

☝和尚さん手作りによる一点物です。自分の好みで選べるのも一興です

縁結び守 各800円

☝赤と黒の2種類あるので、気になる相手とペアで持つのもおすすめです

DATA 慈恩禅寺

- 臨済宗《りんざいしゅう》
- 鍾山《しょうざん》
- 釈迦如来《しゃかにょらい》
- 慶長11年(1606)
- 住 岐阜県郡上市八幡町島谷339
- 交 長良川鉄道郡上八幡駅から徒歩20分
- 料 拝観500円

+α メモ 慈恩禅寺ではお念珠の手作り体験(要予約)ができます。色やサイズの異なるさまざまな珠と紐の色を選び、自分だけのお念珠を作りましょう。完成後は薬師如来の前でご祈祷を受けます。

おまいりは目を奪う絶景とともに

自然への畏れと敬いが信仰へと変わっていったため、必然的に神社がある場所は、絶景ってことが多いんです。おまいりすれば、神様と自然の両方のパワーをチャージできます。

紺碧の海と伊豆諸島を望む絶景地

多くのサーファーでいつも賑わう白浜海岸に立つ鳥居。伊豆大島がすぐそこに見えます

拝殿は万延元年（1860）造営の壮麗な造り　本殿は境内の小高い場所にあります

静岡

2400年の歴史をもつ伊豆最古の古社

伊古奈比咩命神社《いこなひめのみことじんじゃ》

白浜の美しい海と朱塗りの鳥居が作りあげる絶景と、縁結びのご利益を求めて多くの人が訪れます。

白浜海岸にある岩塊の上に立っている朱色の鳥居が有名で、地元では「白濱神社」と呼ばれ親しまれています。境内は潮風から社殿を守るように鬱蒼とした木々で覆われていて、いつもどこか神秘的な雰囲気が漂っています。主祭神の伊古奈比咩命は、夫の三島大明神とともて仲睦まじいということから、縁結びや夫婦円満、子授けなどにご利益があると評判です。

龍の透かし絵はインパクト十分！

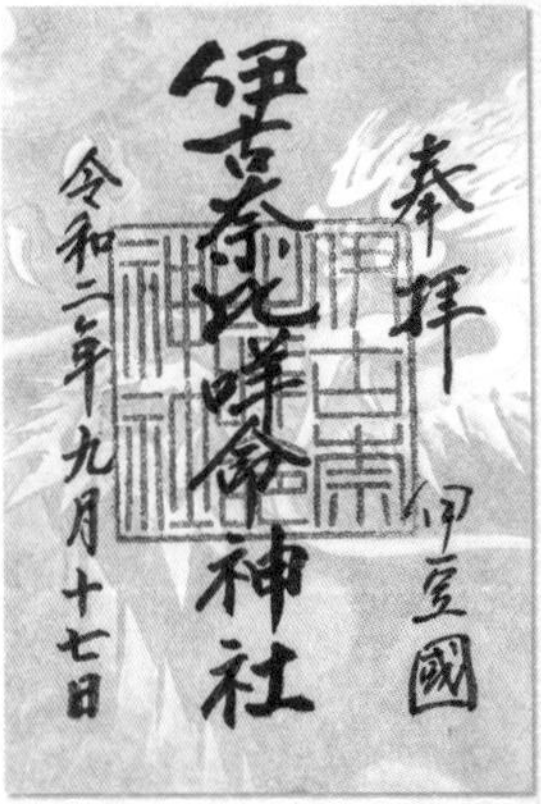

右の字……上・奉拝　下・伊豆國
中央の字…伊古奈比咩命神社
中央の印…伊古奈比咩命神社

書き置きの紙に描かれた龍にも注目！これは境内にある白龍に見立てられる御神木にちなんだもの

ココだけの御朱印帳！

紺地に金糸で社紋と白濱神社の文字をあしらった、シンプルながらどこか気品を感じさせるデザインです。1000円

ご利益おもちかえり

縁結び 1000円

いつも身につけていられる、ブレスレットタイプの珍しいお守り

お守り 1000円

伊古奈比咩命をイメージしたデザイン。心身を健康に保ってくれる

DATA 伊古奈比咩命神社

伊古奈比咩命《いこなひめのみこと》

約2400年前　三間社流造

住 静岡県下田市白浜2740

交 伊豆急行伊豆急下田駅から東海バス白浜方面行きで10分、白浜神社下車、徒歩すぐ

料 無料

+αメモ／下田は開国にまつわる史跡が残っていたり、新鮮な魚介を食べられたり、イルカとふれ合える水族館があったりと、伊豆半島を代表する観光地。お参りの後は、ぜひ観光も楽しもう。

愛知

島全体がパワースポット！

八百富神社

●やおとみじんじゃ

三河湾に浮かぶ竹島に御鎮座される五柱の神様を、海風と潮の香りに包まれながらおまいりさんぽへ。

ご 祭神の市杵島姫《いちきしまひめの》命《みこと》は、天照大神が剣を折って霧を出した時に現われた美しい神様。日本七弁天のひとつに数えられ、開運、安産、縁結びのご利益で知られます。対岸と島を結ぶ橋は「縁結びの橋」とも呼ばれ、男女は手をつなぎ振り返らず渡らなければいけないというジンクスも。島には八百富神社のほか、四柱のご祭神が鎮座し、自然を愛でながらおまいりできます。

長さ387mの竹島橋を渡り竹島へ。珍しい植物が自生する島全体が天然記念物に指定され、30分ほどで回れる遊歩道もあります

島中心にある八百富神社の基本のシンプル御朱印です

右の字……奉拝
中央の字…八百富神社
右の印……竹島弁財天
中央の印…八百富神社

海底から現れた龍神をお祀りする八大龍神社

右の字……蒲郡 竹島
中央の字…八大龍神社
右の印……竹島守護之神
中央の印…上・龍 下・波

藤原俊成が海底から引き上げたという龍神のご神体を表現。海辺の社らしい図柄です

神様と絶景、両方を楽しみウォーキング

藤原俊成が竹生島より弁財天を勧請し、八百富神社を創建しました

歌聖と称された藤原定家の父・俊成を祀る千歳神社

八大龍神社では海の神様・雨乞いの神様を祀ります

三河大島を望む竜神岬からの絶景

ココだけの御朱印帳！

表紙は八大龍神社の御朱印にも使われる波の図柄、裏に八百富神社の文字が。1400円

ご利益おもちかえり

龍神守 各800円

開運にご利益がある八大龍神社のお守り。色合いもカッコいい！

恋むすび 800円

巾着袋からカップルの兎が顔を出すかわいいお守り。香り付きです

DATA 八百富神社
市杵島姫命《いちきしまひめのみこと》
養和元年(1181) 流造《ながれづくり》
住 愛知県蒲郡市竹島町3-15
交 JR東海道本線蒲郡駅から徒歩15分
料 無料

+αメモ 八百富神社でぜひチャレンジしていただきたいのがおみくじです。ここには全国的にも珍しい「大大吉」があり、「大大吉」を引くと記念に金色の御幣を授与していただけます。

岐阜

自然の地形と岩山をいかした名刹

永保寺

●えいほうじ

臥龍池にかかる反り橋と、国宝の観音堂が象徴的！建築、庭園、墨跡など、禅の美術で注目される禅寺です。

日本初の作庭家ともいわれる臨済宗の禅僧・夢窓疎石《むそうそせき》がこの地を訪れた際、中国蘆山《ろざん》（現在は世界遺産）の虎渓の風景に似ていたことにその名を由来すると伝わります。

鎌倉時代末期に建てられた観音堂と開山堂は国宝に、池泉回遊式庭園は国の名勝に指定。「水月場《すいげつじょう》」とも称される観音堂にご本尊の聖観《しょうかん》世音菩薩《ぜおんぼさつ》坐像《ざぞう》が納められ、毎年3月15日に一般公開されています。

なで仏も鎮座！

☝観音堂前の臥龍池に反り橋の無際橋がかかり、浄土教的庭園の様式を感じさせる名庭です

禅宗様と和様の特徴を併せ持つ観音堂

室町時代初期の禅宗様を伝える開山堂

中央に配した観音堂の別名が存在感あり！

右の字……奉拝
中央の字…水月場
左の字……虎渓山
右の印……祈願所
中央の印…右・菊花紋
　　　　　左・寺紋（五七桐紋）
左の印……虎渓山永保寺

本殿にあたる観音堂は水月場とも観音閣とも。力強い筆使いが印象的です

2003年に火災に遭うも見事に復活！

☝市民を中心とした募金活動によって、2007年に庫裏が、2011年に本拝殿が、以前と同じ姿で再建。拝殿前にある市の天然記念物、樹齢700年の大イチョウと、志野・織部釉を施した珍しい陶製の灯籠も、変わらぬ姿で参拝客の目を楽しませています

ココだけの御朱印帳！

☝臥龍池にかかる反り橋の無際橋を描いた御朱印帳。紺とえんじの2色あり、各1200円

ご利益おもちかえり

指輪守 500円

☝国宝・観音堂で無病息災、魔除けを祈願した指輪型の念珠のお守り

腕輪数珠 2000円

☝虎渓山の名を刻んだ腕輪型の念珠のお守り。黒檀と正梅があります

DATA 永保寺

臨済宗
虎渓山《こけいざん》　聖観世音菩薩《しょうかんぜおんぼさつ》
正和2年（1313）　入母屋造《いりもやづくり》
住 岐阜県多治見市虎渓山町1-40
交 JR中央本線多治見駅北口から徒歩30分
料 無料

+α メモ／永保寺は飛騨・美濃紅葉33選にも選ばれる紅葉の名所。燃えるように色づくモミジが池を囲み、樹齢700年の大イチョウが黄金色に輝きます。見頃は11月中旬〜下旬。

岐阜
通称「モネの池」が美しい！
根道神社
●ねみちじんじゃ

板取白谷村の村社。参道横にある名もなき池、通称「モネの池」が絶景スポットとして人気です。透明度の高い湧水に睡蓮が咲き、錦鯉が優雅に泳ぐ光景は、フランスの画家クロード・モネが描いた『睡蓮』のよう。睡蓮の花が咲く初夏の頃がおすすめです。

モネの池をイメージした御朱印

右の字…奉拝／中央の字…根道神社／中央の印…上：紅葉　中：根道神社　下：錦鯉と睡蓮

☞睡蓮と錦鯉のスタンプを捺印した御朱印。紅葉は季節で変わります

☞睡蓮が美しく、光も穏やかなよく晴れた日の午前中が狙い目です

☞階段を上がった先に神社の境内はありません
☞御朱印の授与は元日を除く毎月1日、月次祭の午前中限定です

DATA 根道神社
根道大神《ねみちおおかみ》・伊弉冉命《いざなみのみこと》・大山祇神《おおやまずみのかみ》・金山比古神《かなやまびこのかみ》
不明　流造《ながれづくり》
住 岐阜県関市板取448
交 JR東海道本線岐阜駅から岐阜バスほらどキウイプラザ行きで70分、ほらどキウイプラザ下車。板取ふれあいバスに乗り換え16分、モネの池前下車、徒歩2分
料 無料

+α メモ／関市板取には「名もなき池(通称：モネの池)」以外にも絶景スポットが。「株杉の森」は1本の株から何本もの幹が枝分かれして伸びる神秘的な杉が見られます。「川浦渓谷」は紅葉が有名。ぜひ足をのばしてみてください。

愛知
千葉県成田山新勝寺の名古屋別院
成田山大聖寺
●なりたさんだいしょうじ

千葉までの参拝が名古屋周辺の信徒には遠路であることから、中部地区最大の不動尊霊場として建立されました。犬山城や木曽川を一望する高台にあり、夜景スポットとしても人気。家内安全、商売繁昌、交通安全、災難消除にご利益があるといわれています。

☞四国八十八ヵ所お砂踏み行場を設けた弘法堂

☞明王門から石段をのぼって本堂へ

ココにも注目！
☞本堂境内からの眺望は抜群！犬山城や木曽川から名古屋駅の高層ビル群まで、周囲を見晴らすことができます

不動明王の力強さを感じます

右の字……奉拝
中央の字…本尊不動明王
左の字……犬山成田山
右の印……東海三十六不動尊霊場第一番札所
中央の印…カーン(梵字)不動明王
左の印……犬山成田山

☞不動明王のお護摩のような火炎版が印象的な御朱印です

護摩木の奉納も！

ご利益おもちかえり

御守 500円
☞不動明王を焼き印したなかの木札を、首からさげてご加護をいただく身代り守り

干支守り 800円
☞十二支あります。生まれ年、おまいりの年、好みの干支などを選ぶことができます

DATA 成田山大聖寺
真言宗智山派
成田山《なりたさん》　不動明王《ふどうみょうおう》
昭和28年(1953)　入母屋造《いりもやづくり》
住 愛知県犬山市犬山北白山平5
交 名鉄犬山線犬山遊園駅東口から徒歩10分
料 無料

+α メモ／成田山の開基以来1080余年灯り続ける浄火で、護摩木という薪を焚いて諸願成就を祈る真言密教の修法が行われています。参拝の際は護摩木に願い事を書き、奉納するのがおすすめです。300円～。

御朱印帳＆便利グッズカタログ

御朱印がブームになるにつれて、御朱印帳もさまざまなタイプのものが登場しています。持っていると便利なお役立ちグッズと一緒に、自分好みの一冊を見つけてください。

Selection ❶

寺社オリジナル御朱印帳

御朱印を授与する寺社では、オリジナルの御朱印帳を用意されていることも。そのデザインは実に多彩！思わずほしくなっちゃう珠玉の御朱印帳をどうぞ。

手塚治虫の名作から表紙絵に！

椿大神社（→P84）の御朱印帳は、漫画家・手塚治虫の代表作『火の鳥』とコラボしています

刺繍による豪華な立体演出

刺繍により迫力ある龍の絵柄を立体的に浮かび上がらせた、長高寺（→P40）の豪華御朱印帳

飛び出す立体デザイン

多度大社（→P96）の跳ね起き馬朱印帳は、なんと飛び出す仕組み。授与日限定アイテムです

三重県の伝統工芸が美しい

専修寺（→P36）には、伊勢型紙や伊勢擬革紙といった三重県の伝統工芸を用いた御朱印帳があります

御朱印帳はどこで買う？

基本的には以下の3カ所。①神社またはお寺②文房具店③ネット通販。①は説明不要ですね。②は意外かもしれませんが、大きな店では専門コーナーもあります。最近人気なのは③。デザインも豊富で選ぶのに迷ってしまうほどです。

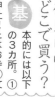

個性いろいろ！全部集めたくなっちゃう

満月と零戦クールジャパン

星が瞬く夜空の満月に、零戦のシルエットが映える溝旗神社（→P49）の御朱印帳がクール！

絶景の観光名所夫婦岩がステキ

日の出遙拝所として有名な二見興玉神社（→P108）の夫婦岩。日の出と満月バージョンが

上部中央に鎮座する八《や》咫《た》烏《がらす》がシンボリック

熊野本宮大社（→P116）の御朱印帳は、導きの神でもある八咫烏のデザインがカッコいい！

龍画家とコラボ！昇龍画が表紙を飾る

名古屋市出身の龍画家・絵獅匡さんによる若宮神明社（→P46）の御朱印帳は、昇龍が大迫力です

西陣織の御朱印帳は表裏で一枚絵に

徳川家康公ゆかりの菅生神社（→P129）は、表裏で一枚絵になる西陣織の御朱印帳を販売

キュートで女性からも人気です

福禄寿車の山車をカラフル＆ポップにデザインした若宮八幡社（→P85）の御朱印帳がステキ

Selection 2

市販の御朱印帳

大手文房具店やネットの専門店などでは、オリジナルデザインの御朱印帳を販売。寺社の御朱印帳に比べると選択肢が多彩で、見ているだけでも楽しい！

無地タイプ

品のある無地の布張りの御朱印帳は永遠の定番。神社用、お寺用、エリア別、ご利益別など、数色を揃えて使い分けるのも楽しいです。各1815円

シンプルさがかえって新鮮！

みかん

雨

桜

若葉

梅

ポップ柄タイプ

寺社のオリジナル御朱印帳では、まずお目にかかれないデザイン。ポップだけど温かみがあるので、使い込むほどに愛着が湧くはず。各1980円

持ち歩くだけでウキウキしちゃう

水玉干支

大仏様

お城忍者

緑と黒の市松

御朱印帳をアレンジしてみよう

世界にひとつだけの御朱印帳がほしい！という人は既製品にひと手間加えてみてはいかがでしょうか。表紙に布用の絵の具で絵やマークを描くだけで印象はガラッと変化。ひと目で自分のものだと分かるので、取り違いも防げます。

御朱印帳のデザインは今も進化中！

動物柄タイプ

犬に猫にウサギにパンダ…。愛くるしい動物たちが散りばめられたデザインは、動物好きにはたまりません。ほかにも動物の種類はたくさん。各1980円

キュートな表情に思わずほっこり

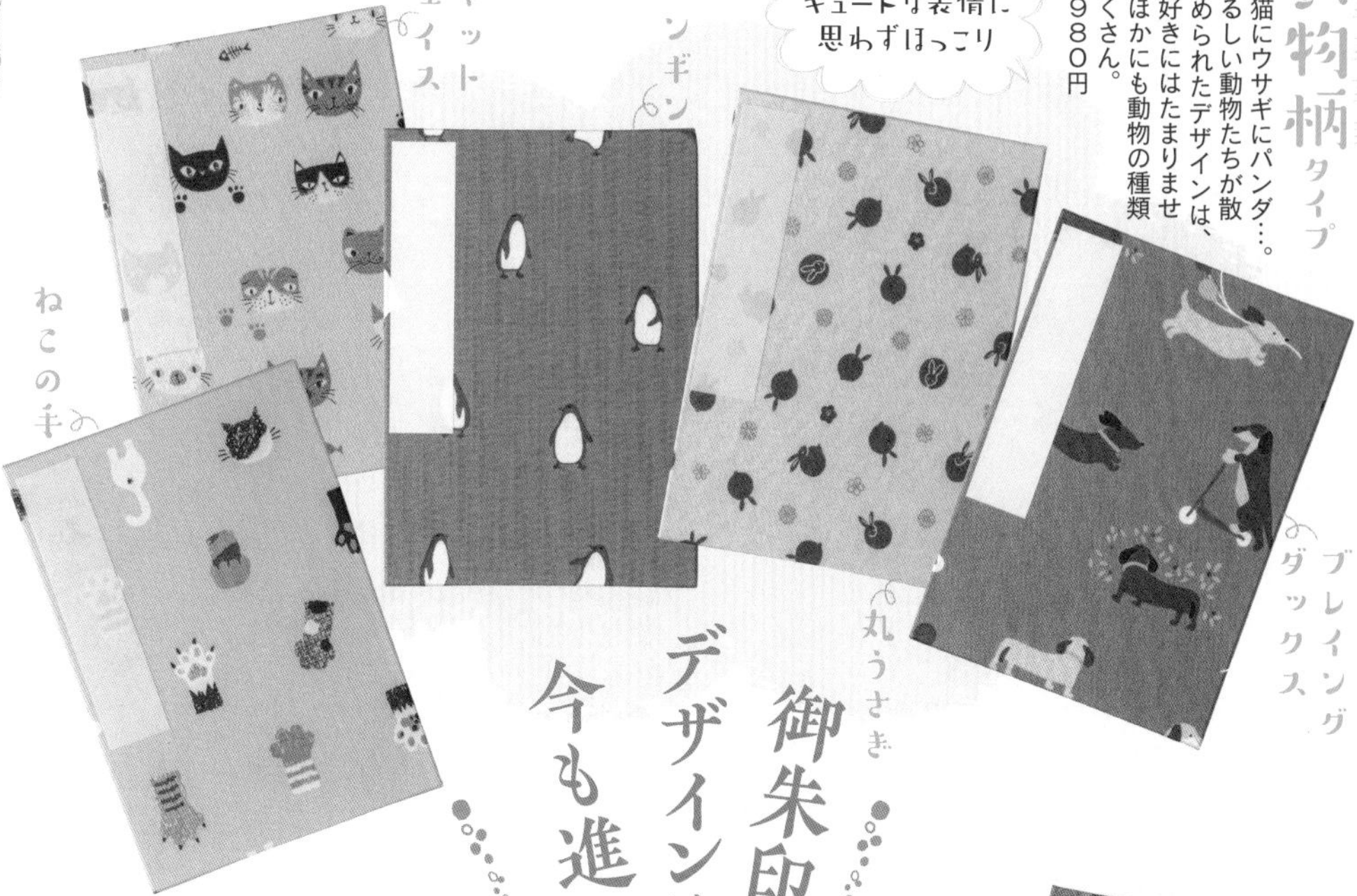

キャットフェイス

ペンギン

ねこの手

丸うさぎ

ブレイングダックス

花柄タイプ

幅広い層から安定した人気を誇るのが花柄の御朱印帳。ポップなものから艶やかなものまで、花の種類もデザインテイストも多彩です。各1980円

日本の四季を彩るさまざまな花たち

麻の葉レトロ桜

七宝縞桜

椿縦縞

金粉菱形文様

いろは小紋

☞布用絵の具を使用、色を混ぜたり、重ねたりしてアレンジ！筆も一般的なものでOK。購入は文具店などで

Selection ❸

便利な御朱印帳グッズ

なくても大丈夫だけど、あれば御朱印集めがもっと楽しく、もっとスマートになるグッズを紹介！デザインもかわいいので、ついつい欲しくなっちゃうはず。

1枚紙にいただいた御朱印がばらばらにならず、しっかり保管できる優れもの！

御朱印ホルダー

書き置きの御朱印が御朱印帳のサイズに合わない、糊で貼り付けるのには抵抗がある、という人におすすめ。フィルムをめくって御朱印を挟んで保管できます。各2970円

書き置き御朱印をスマートに収納

桃

うずまき柴犬

富士山

しずく

見開きタイプも人気

見開き型の御朱印が増えてきたことに合わせて、御朱印帳ホルダーもB5サイズの大型が登場。新型コロナウイルスの影響もあって、豪快な見開き御朱印も書き置きのものが多くなっています。ぜひこちらを手に入れて、大切な御朱印を折らないように保管しましょう。各4378円

モダン菊

御朱印帳袋

大切な御朱印帳を入れるポーチもいろいろ。御朱印帳が汚れるのを防ぐだけでなく、表地と裏地の間に薄い綿が入っているので衝撃からも守ってくれます。各2860円

クラッチバッグ風に御朱印を持ち歩ける

モダン梅

うさぎ波文様

別売りのショルダーストラップ1078円と合わせれば、肩に掛けて持ち運べちゃう

コレを揃えれば御朱印マスター!?

万が一に備える御朱印ファン必携

御朱印帳バンド

御朱印帳がバッグのなかで開いてしまい帳面を汚してしまった。そんなことがないようにバンドをするとグッド。御朱印帳に合わせてカラーは選んで。各330円

デザインのアクセントにもなりますよ

黒縞

濃赤

紺

スモーキーピンク

薄紫

意外と便利! キュートな実用小物

御朱印帳しおり

御朱印をいただくとき、書いてもらいたいページにしおりを挟んで御朱印帳をお渡しすれば、間違いがありません。房飾り1980円、とんぼ玉各1760円

クリアガラス花柄

くまさん

縞模様

房飾り玉

かわいい御朱印帳を隠さずに守る!

ビニールカバー

袋に入れ、御朱印帳のデザインが隠れてしまうのが嫌なら、こちらはいかがでしょう。透明度の高いクリアタイプと、つや消しのマットタイプがあります。330円

麻の葉

七宝縞桜

龍文様

購入はこちら

ホリーホック

御朱印帳だけでなく御朱印帳カバーやしおりなど、オリジナルの御朱印関連グッズを扱う通販サイトを運営。P78~81で紹介した商品(コラム以外)も、すべてオンラインで購入できます。オリジナル御朱印帳は職人が手作りしているので丈夫。長く愛用できるはずです。

https://www.goshuincho.com

※商品の柄は変更され、販売が終了することもあります

名古屋弁みくじ…500円

別小江神社→P50

☞名古屋のシンボルでもある金鯱のなかにおみくじが。金鯱は防火や厄除けにもご利益があるとされ、自宅に飾っておきましょう

寅童子…1000円～

鳳来山東照宮→P66

☞寅年、寅の日、寅の刻に生まれた徳川家康公ゆかりの玩具。幾多の挫折を乗り越えて天下を獲った家康公にちなんで、起き上がり小法師に

和の守…2000円

熊野本宮大社→P116

☞『ジョジョの奇妙な冒険』で有名な漫画家・荒木飛呂彦氏によるデザインです。ジョジョ風タッチの八咫烏がとてもカッコいい！

夫婦守…1200円

二見興玉神社→P108

☞二見浦に浮かぶ夫婦岩にちなんだ夫婦円満のお守りです。男岩が男性、女岩が女性用で、ふたつのお守りを横に並べると夫婦岩の姿に

これほしい！

ユニーク 授与品コレクション

寺社には御朱印以外にも、気になる授与品がいろいろ！参拝によるご神徳＋αで、授与品のご利益をいただけば、心願成就も間違いなし!?ほかではゲットできない寺社オリジナルの授与品をピックアップしました!!

龍馬神社の肌身守り（キャラクター）…700円

龍馬神社→P67

☞龍馬神社のキャラクターを刺繍したお守り。悪意や災いが降りかからないよう、災難魔除や身体健全、開運招福がご祈祷されています

土鈴…1500円

加佐登神社→P97

☞ご祭神である日本武尊を土鈴に。カラコロと素朴な土のやさしい音色に心が癒やされます。部屋のインテリアとして飾るのもおすすめ

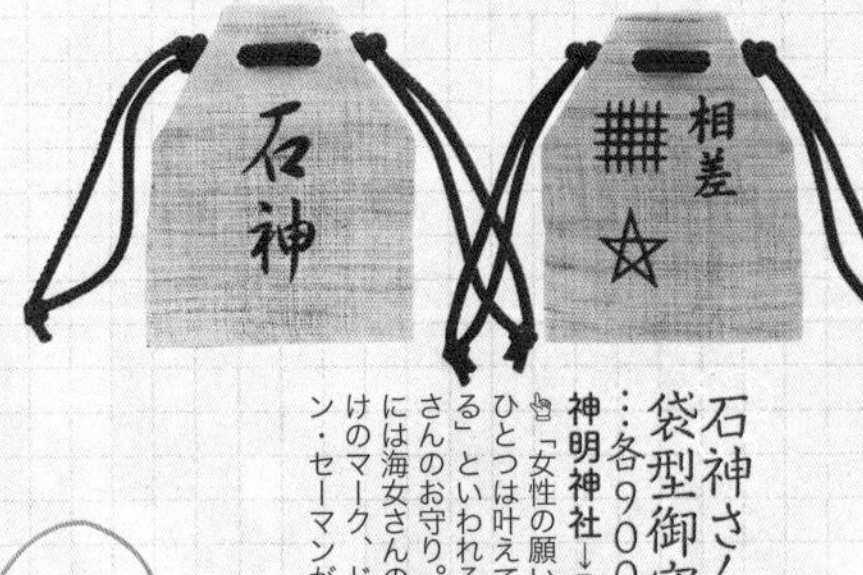

石神さん袋型御守…各900円

神明神社→P103

☞「女性の願いならひとつは叶えてくれる」といわれる石神さんのお守り。裏側には海女さんの魔除けのマーク、ドーマン・セーマンが！

うまくいく守…1000円

多度大社→P96

☞多度大社には神々に願いを届ける白馬が棲むといわれます。9頭の馬のデザインで"うまくいく"な、シャレの効いたお守りです

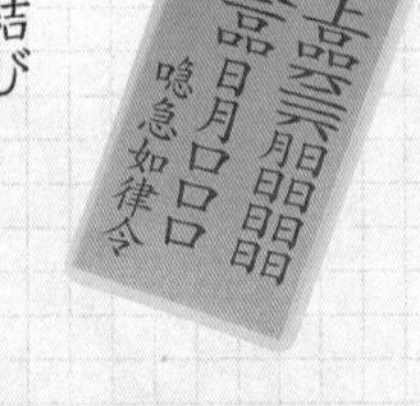

願掛祈符…200円

名古屋晴明神社→P103

☞呪文や図が描かれた陰陽師のお札。写真は「不運をはらい、幸運を呼ぶ」という福禄開運符です。ほかにも、恋愛や金運など全13種類

縁結び…1000円

伊古奈比咩命神社→P72

☞伊古奈比咩命の縁結びのご神徳を得られるお守り兼アクセサリー。ブレスレットタイプなので、毎日身に着けましょう。

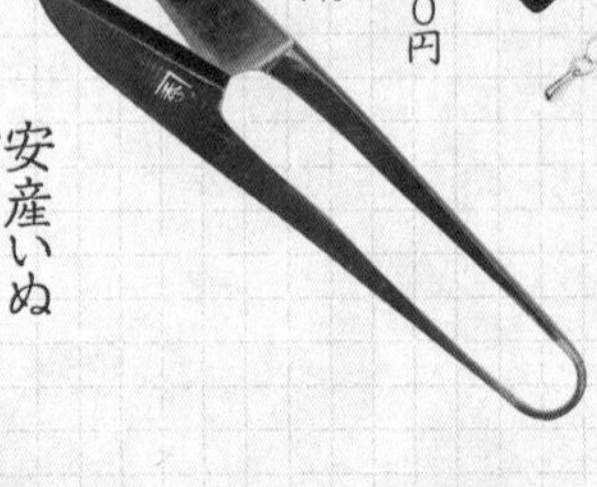

厄切鋏…1000円

神場山神社→P87

☞病気や厄を断ち切るご利益がある神社のお守りは、はさみそのもの！緒難を切れば、きっと良縁が向こうからやってくる!?

安産いぬ鈴御守…800円

伊奴神社→P44

☞ポケットに犬のマスコットが入った安産のお守りです。かわいい見た目は自分用だけでなく、仲良しの妊婦さんへの贈り物にも◎！

第4章

ご利益でめぐる御朱印

御朱印とともに授かりたいご利益。恋愛成就ならこの神社へ、金運アップならあの寺へ…。お願い事が決まっているなら、こちらをチェック。

恋愛・縁結びに効く神社

ステキな人との出会いがほしい。気になる人との恋を成就したい。そんなとき、自分磨きも大切ですがやっぱり一番は、神頼みです！恋の願いを神様が聞き届けて、幸せをくださいますよ〜に。

十二神が祀られた本殿

☞本殿は総檜の神明造で、参道を真っすぐ進んだ先にあります。参拝者のご祈祷は、拝殿にて厳かに執り行われます

☞椿恋みくじには巫女か椿の花のチャームが

☞天之鈿女命を主神として祀る椿岸神社は、芸能の神様としても有名 ☞かなえ滝はスマホで撮影を

猿田彦大神のお隣にいただきたい

中央の字…椿岸神社
右の印……天之鈿女本宮
中央の印…下椿之宮椿岸神社 鈿女本宮

☞御朱印は本殿横の授与所でいただけます

みちひらきのご神徳を

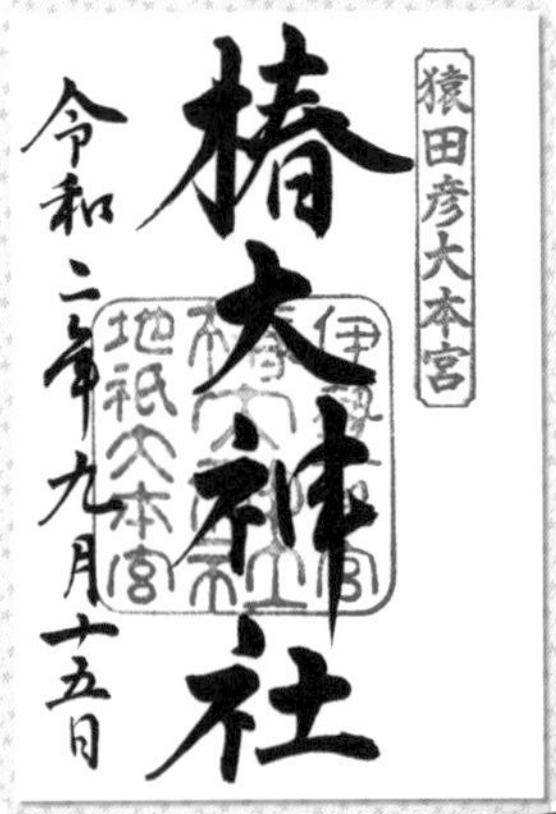

中央の字…椿大神社
右の印……猿田彦大本宮
中央の印…伊勢一之宮 椿大神社 地祇大本宮

☞椿の字は、仁徳天皇の御代、ご霊夢により社名とされたとか。右の朱印は猿田彦大神の「大本宮」を意味します

三重

椿大神社

ご夫婦の神様が良縁をもたらす

●つばきおおかみやしろ

参拝後まもなく出会いが！プロポーズされた!!など、「椿さん」は恋愛成就の一大聖地として大評判です。

開運導きの神として知られる猿田《さるた》彦大神《ひこおおかみ》を祀る全国二千余社の本宮です。境内の別宮・椿岸《つばきぎし》神社には猿田彦大神の妻神である天之鈿女命《あめのうずめのみこと》神が祀られ、特に縁結び・夫婦円満のパワースポットとして人気です。拝殿前にある招福の玉は「祓へ給え、清め給へ、六《ろっ》根清浄《こんしょうじょう》」と3回唱えて撫でると願いが叶うと、本殿横のかなえ滝は写真を撮りスマホの待受にすると恋が実るといわれますので、ぜひ！

ココだけの御朱印帳！

☞猿田彦大神と天之鈿女命の御朱印帳は、漫画家・手塚治虫の『火の鳥』で登場したお姿が採用されています。各1700円

ご利益おもちかえり

椿縁守 各1000円

☞1の付く日限定(31日は除く)。しけ絹の守り袋のなかには椿の種が

縁結守 各800円

☞恋のご縁を結んでくれるお守りです。ピンクとブルーの2色あり

DATA 椿大神社

猿田彦大神《さるたひこおおかみ》・瓊々杵尊《ににぎのみこと》・栲幡千々姫尊《たくはたちちひめのみこと》・天之鈿女命《あめのうずめのみこと》・木花咲耶姫命《このはなさくやひめのみこと》・行満大明神《ぎょうまんだいみょうじん》

垂仁天皇27年(紀元前3年) 神明造《しんめいづくり》

住 三重県鈴鹿市山本町1871

交 近鉄名古屋線近鉄四日市駅から三交バス椿大神社行きで50分、椿大神社下車、徒歩すぐ

料 無料

+αメモ／椿大神社の神山である標高906.1mの入道ヶ岳には、奥の宮が御鎮座されています。神社を起点とした北尾根コースや二本松尾根コースで登れますが、本格的な登山のため装備は万全に。山頂からの眺望は絶景です！

愛知

若宮八幡社

家康公が定めた、名古屋の総鎮守

●わかみやはちまんしゃ

文《もん》武《む》天皇の時代に創建された、由緒ある別表《べっぴょう》神社です。日本に3つしかない100m道路「若宮大通」の由来にも。

那《な》古《ご》野《の》に創建されましたが、慶長15年（1610）、名古屋城築城の折に家康公が現在地へ遷座、名古屋の総鎮守と定めました。本社のほかに9つの末社があり、そのうちのひとつが女性に人気の神御衣《みころも》神社です。ご祭神である衣縫《きぬぬいの》大神《おおかみ》のご利益は、裁縫上達や縁結び。「願いの緒」に願い事を書いて結ぶことで神様と固く結ばれ、心願成就するといわれています。

お稲荷様も参拝を

☝都心にありながら、静かで凛とした空気に包まれた本殿。夫婦の狐を祀った末社、連理稲荷も縁結びで知られています

クオリティの高い限定御朱印にも注目！

右の字…朔日参り／中央の字…若宮八幡社／右の印…上・名古屋総鎮守　下・季節の植物／中央の印…若宮八幡社印／左の印…社紋

☝毎月1日限定。植物の種類、社紋の色が変わります

☞ハート絵馬 300円

ハート型の印がキュート！神御衣神社の御朱印です

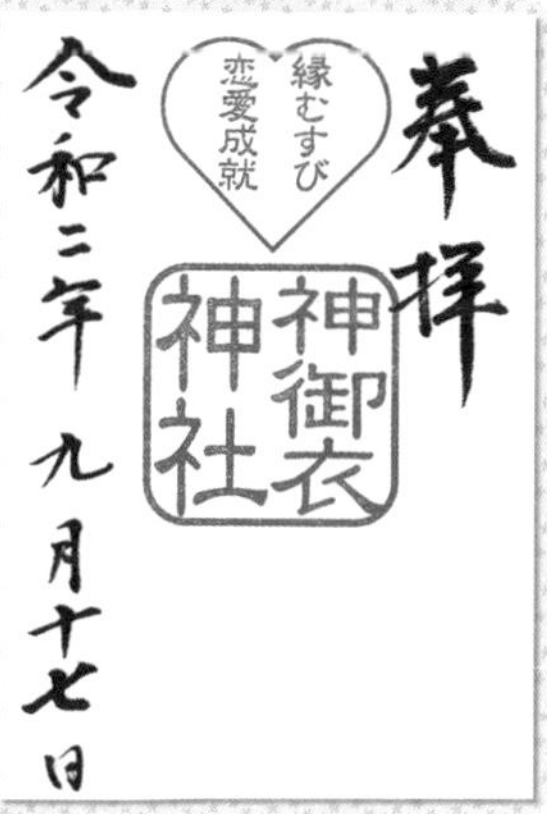

右の字……奉拝
中央の印…上・縁むすび恋愛成就　下・神御衣神社

ご縁を結ぶ！神御衣神社の神結び願いの緒

☝お社と結ばれた縄・神結び願いの緒に、願い事を書いた布を結んで祈願しましょう

☞願いの緒は社務所で入手を

コゴだけの御朱印帳！

☞若宮八幡社では、本殿、恵美須、連理稲荷、神御衣神社を通常御朱印として授与しています

ポップなデザイン

☝若宮八幡社の山車・福禄寿車をデザイン。黒地に金の山車が輝くクールな御朱印帳も。2000円

ご利益おもちかえり

神御衣守り 1000円

☝神御衣神社のお守り。恋愛成就のほか、仕事や子宝などにもご利益が

幸せの糸巻 1000円

☝神御衣神社の針供養で用いる糸巻き守り。5色糸が良縁を引き寄せます

DATA 若宮八幡社

仁徳天皇《にんとくてんのう》・応神天皇《おうじんてんのう》・武内宿禰命《たけのうちのすくねのみこと》

大宝年間(701～704)

住 愛知県名古屋市中区栄3-35-30
交 地下鉄名城線矢場町駅4番出口から徒歩5分
料 無料

+α メモ／5月15・16日に行われる若宮まつり(例大祭)は、名古屋三大祭のひとつ。300年の歴史を誇り、からくり人形をのせた山車・福禄寿車が、神輿とともに那古野神社まで曳き出されます。

愛知

ここならではの恋占いがたくさん！

城山八幡宮

●しろやまはちまんぐう

織田信長の父・信秀が築いた末森城跡に鎮座し、厄除けや安産、交通安全をはじめ地元の産土神《うぶすながみ》として親しまれています。特に縁結びは有名で、二幹が合体する縁結びの象徴・連理木《れんりぼく》、思いが叶うか占う桃取石《ももとりいし》、恋の水みくじなど、祈願ポイントも多数！

☞城山の森一帯に約1万坪もの広さを誇ります。山田天満宮、高牟神社と祈願する「恋の三社めぐり」も人気。初詣や夏の茅の輪くぐり、秋の七五三などでもにぎわいます

ココにも注目！

石から石へ目を閉じてたどり着けたら願いが叶うという桃取石(右)、水盤に浮かべて占う恋みくじ(左)300円も人気です

縁結びの御朱印は3種類あります

中央の字…城山八幡宮／右の印…上・奉拝　中・比翼連理之契　下・ハート／中央の印…縁結連理木／左の印…庚子招福

☞縁の糸付き。連理木の絵馬掛けなどに結び良縁を願います

ココだけの御朱印帳！

☞ご神木である連理木の力で、良縁が訪れること間違いなし!?　通常御朱印付きで1500円

ご利益おもちかえり

叶守　900円

願いにあった天然石を選んで作る自分だけのお守り

DATA 城山八幡宮

譽田別命《ほんだわけのみこと》・息長帯比賣命《おきながたらしひめのみこと》・帯中津日子命《たらしなかつひこのみこと》

不明

住 愛知県名古屋市千種区城山町2-88
交 地下鉄東山線覚王山駅2番出口または本山駅1番出口から徒歩6分
料 無料

+α メモ／連理木は、幹囲4m、樹高15m、市内最大のアベマキです。地上約3mの所から二幹に分かれ、6mほどで再び合一して連理となり、縁結び、良縁祈願、夫婦円満のご神木として信仰されています。

岐阜

恋愛運がアップする授与品に注目

結神社

●むすぶじんじゃ

田園地帯にたたずむこぢんまりとした神社。万物の生産をつかさどる産霊の神を祀り、古くから子宝や縁結びにご利益があるとされてきました。織田信長が長篠の戦いの前に戦勝祈願して勝利を収めたことから、勝利や成功のご縁も結ぶといわれています。

☞本殿内には一対の彫刻石造狛犬が。寛文5年(1665)に花村太左衛門により寄進されたもので、神像群とともに安八町の指定文化財にも指定されています

ココにも注目！

人気の絵馬は絵柄のハートをくり抜くことができます。成就したらハートを戻します

天地万物を産みなす神の力を授かります

右の字…奉拝／中央の字…産霊の神／右の印…干支(子)／中央の印…縁結び印／左の印…結神社印

☞御朱印、お守りなどの授与品は、拝殿の左手にある事務所へ

ココだけの御朱印帳！

☞小花や桜、紅葉など、華やかな御朱印帳を常時4種類ほど用意しています。各1000円

ご利益おもちかえり

赤い糸　200円

地域の人が心を込めて手作りした赤い糸を祈祷して授与します

絵馬　500円

大小のハートと恋愛成就の文字が彫られたヒノキ製の絵馬です

DATA 結神社

天御中主尊《あめのみなかぬしのみこと》・高皇産霊尊《たかみむすひのみこと》・神皇産霊尊《かみむすひのみこと》・猿田彦神《さだひこのかみ》

平安時代末期　不明

住 岐阜県安八郡安八町西結584
交 樽見鉄道横屋駅から徒歩25分
料 無料

+α メモ／神殿の裏側には「子宝之神」が御鎮座されていますので参拝しましょう。良縁以外にも、安産守や幸運守といった授与品もあり、女性に人気です。

静岡

縁結びで知られる遠江国一宮

小國神社

おくにじんじゃ

縁結びの神様として有名な大己貴《おおなむち》命《みこと》を祀っているので、良縁を求める多くの参拝者が訪れます。創祀は定かではありませんが、徳川家康が戦勝祈願するなど、古くから朝野の崇敬を集めています。桜やシャクナゲ、花菖蒲などが咲く、花の名所としても有名。

境内の社殿はお屋根替え工事の真っ最中。檜皮葺の拝殿は令和４年に葺き替え予定

ココにも注目！

境内にあるひょうの木は、お参りすれば縁結びにご利益がある有名なパワースポット

気持ちがこもった流麗な筆さばき

右の字……奉拝
中央の字…小國神社
右の印……遠江國一宮
中央の印…小國神社

これ以上ないほどシンプルなデザインながら、気品に溢れたパワーを感じます

ココだけの御朱印帳！

神紋と打出の小槌をデザインしてあるので金運アップのご利益もありそう。
1500円

ご利益おもちかえり

縁結びもみじ守り
800円

寄り添うもみじの葉がモチーフ。紅葉以外に新緑タイプもある

ひょうの実守り
800円

さまざまな縁を結ぶご利益がある御神木の実を模したお守り

DATA 小國神社

大己貴命《おおくにぬしのみこと》（大国主命）

不詳（約1465年前）　大社造

住 静岡県周智郡森町一宮 3956-1
交 天竜浜名湖鉄道遠江一宮駅から車で10分
料 無料

+α メモ／大己貴命は、大国様とも呼ばれています。福徳円満のご利益にあやかって、打ち出の小槌の形をした授与品・宝槌（5000円）も用意されています。天然の欅を使った手作りで、いつもあるわけではないので、見つけたらラッキー。

静岡

良縁を招くには、まず悪縁を絶つ！

神場山神社

じんばやまじんじゃ

その昔、山仕事に従事する木こりたちが山での安全を祈り、山を司る大山祇命《おおやまつみのみこと》に斧やノコギリを奉納していたそうです。それが、時が移るとハサミに代わったのだとか。いつしか、病気や厄を断ち切れるというご利益で知られるようになりました。

縁を切ってくれるハサミの印が印象的

右の字…御殿場市神場鎮座／中央の字…山神社／中央の印…境内図／左の印…ヤツデとハサミ

地名の「神場」を除いてシンプルに「山神社」と書かれます

ココだけの御朱印帳！

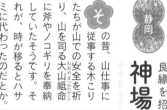

細かい桜の花びらをあしらった御朱印帳は、色鮮やかでとってもキュート。1500円

拝殿の右手にある藤は5月の初めになると、白と紫の花をつけて参拝者の目を楽しませてくれます。縁結びの藤と言われているパワースポットでもあります

高さ3mの巨大なものをはじめ、大小のハサミが奉納されています

ご利益おもちかえり

厄切鋏
1000円

諸難を断ち切ってくれるハサミ。普段遣いするのが吉だそう

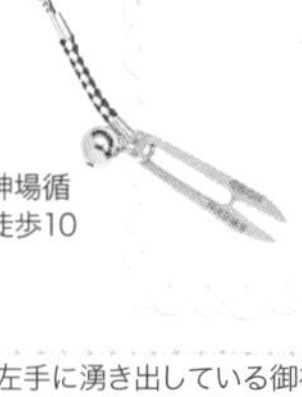

お守り
500円

ストラップ付きのミニハサミは縁切り祈願にもご利益があります

DATA 神場山神社

大山祇命

約1000年前　権現造

住 静岡県御殿場市神場1138-1
交 JR御殿場線御殿場駅から富士急行神場循環循環バスで30分、神場中下車、徒歩10分
料 無料

+α メモ／拝殿左手に湧き出している御神水は、富士山の伏流水でまろやかな味。また、境内にあるよろこぶの木は、幹を撫でて自分の体の悪い場所を撫でれば諸病を癒やしてくれるのだとか。

金運・財運アップに効く神社

安心して毎日をくらすためにお金はとても大切です。商売繁盛や金運、財運、宝くじ当選などのご利益がある神社をおまいりして、運を味方につけましょう。

縁結びの参拝方法がユニーク！

☝まずは社務所で「縁結びの輪」をいただき、恵まれたいご縁を記入。素戔嗚尊と稲田姫命の夫婦神が祀られている本殿に二拝二拍手一拝 ☝次に拝殿手前右にある石神様へ。小さな御幣で、「左・右・左」と振り、自分を祓い清めたら、太鼓橋に腹ばいとなって小さな鳥居をくぐり抜けます

☝二の鳥居に戻り、道祖神におまいりします。最初に書いた縁結びの輪を道祖串に結べば満願成就です

☝拝殿右奥に鎮座する白龍龍寿大神 ☝とぐろを巻いた2匹の白蛇が、パワーを放っています

愛知

オフィス街のなかのパワースポット 洲崎神社

●すさきじんじゃ

縁結びの神様として広く知られていますが、白龍龍寿大神《はくりゅうりゅうじゅたいしん》の金運&仕事運のご利益も話題です。

平安時代初期、入江だったこの地に祀られていた石神様の導きによって、素戔《すさの》嗚尊《おのみこと》を奉斎したのが始まりです。ご祭神の素戔嗚尊と稲田《いなだ》姫命《ひめのみこと》、石神様の猿田《さるた》彦命《ひこのみこと》と天鈿《あまのうず》女命《めのみこと》の夫婦神を祀り、恋愛だけでなく、さまざまなご縁を結べる神社として知られています。金運&仕事運を上げる神社としても近年人気を集めていて、龍神大神と白龍大神を祀った白龍龍寿大神でご利益をいただけます。

白龍龍寿大神の御朱印を 商売繁盛や家内隆盛に、

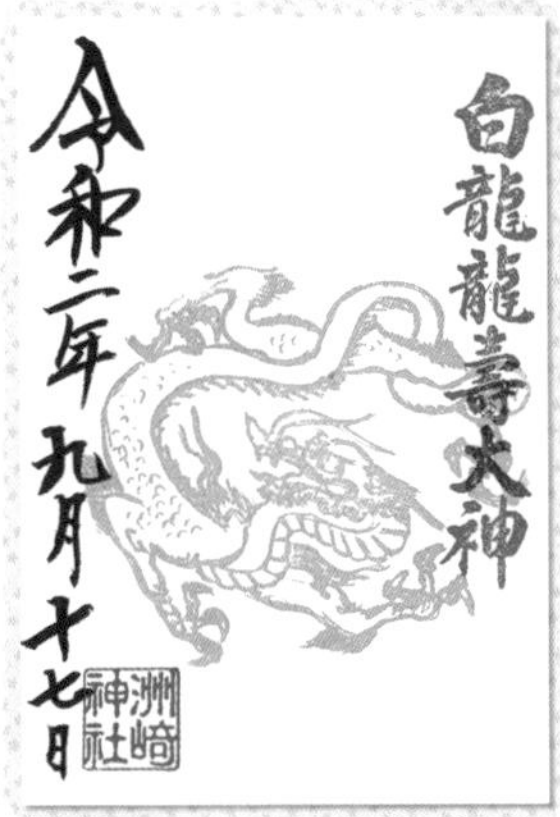

右の印……白龍龍寿大神
中央の印…白龍
左の印……洲崎神社

☝白龍の躍動感が迫力たっぷりです。御朱印は直書き、書き置きともに対応いただけます

洲崎神社の通常御朱印は大胆な筆さばき！

右の字……奉拝
中央の字…洲崎神社
右の印……洲崎
中央の印…洲崎神社
左の印……社紋

ご利益おもちかえり

白蛇守 700円

☝家運繁盛と金運向上を授ける白蛇のお守りです。白、緑、黄の3色あり

えんむすび守 800円

☝ピンクとブルーの色合いと花柄がかわいらしい、縁結びの定番お守りです

DATA 洲崎神社

☀ 素戔嗚尊《すさのおのみこと》・稲田姫命《いなだひめのみこと》・五男三女神《ごなんさんにょしん》

貞観年間(860年代前後) 神明造《しんめいづくり》

住 愛知県名古屋市中区栄1-31-25

交 地下鉄鶴舞線大須観音駅4番出口から徒歩15分

料 無料

+αメモ／江戸時代、洲崎の天王祭は東照宮時代祭と並ぶ二大祭でした。毎年7月13・14日に例祭を、7月第3土曜とその翌日におよそ1000個もの提灯が幻想的な提灯祭が行われます。

愛知

正式名称は妙《みょう》厳《ごん》寺《じ》、室町創建のお寺

豊川稲荷（豊川閣妙厳寺）

●とよかわいなり（とよかわかくみょうごんじ）

商売繁盛のご利益で知られる日本三大稲荷のひとつ。全国各地から年間500万人もの参拝客が訪れます。

稲荷というと狐を祀った神社を想像しますが、豊川稲荷では ご本尊に千手観世《せんじゅかんぜ》音《おん》菩薩《ぼさつ》を安置し、山門の鎮守として豊川《とよかわ》吒枳《だき》尼《に》眞天《しんてん》を祀っています。吒枳尼眞天は仏法守護の善神で、稲穂を荷い白い狐に跨っておられることから「豊川稲荷」が通称として広まりました。室町時代に創建され、織田信長、豊臣秀吉、徳川家康など、東海ゆかりの武将からも篤く信仰されました。

狐がいっぱい！

☝豊川吒枳尼眞天を祀る大本殿 ☞霊狐塚。祈願成就のお礼にと、大小多数のお狐様が奉納されています。その数およそ一千体！

堂々とした達筆が印象的な御朱印です

右の字……奉拝
中央の字…豊川吒枳尼眞天
左の字……豊川閣
中央の印…上・如意宝珠 オンシラバッタニリウンソワカ（梵字）
下・豊川閣印

☞特に指定をしない場合は、こちらの豊川吒枳尼眞天の御朱印が授与されます

お参りのポイントをピックアップ

☝天文5年（1536）に今川義元が寄進した山門。豊川稲荷最古の建物で、間口20m、奥行40m、高さ30mの総欅造り ☜大黒堂。ご真言「オンマカキャラヤソワカ」と唱えながら大黒天をさするとご利益がいただけるとか ☝本殿から奥の院参道、裏門には、祈願の千本幟がたくさんはためいています ☜文化11年（1814）築の奥の院

ココだけの御朱印帳！

☞御朱印帳はシンプルな緑、トンボ柄、桜と水の柄の社紋入りの3種類を用意。1000円～

ご利益おもちかえり

財運守 1000円
☝カードタイプなので、財布や名刺入れなどに入れて持ち歩けます

福銭 700円
☝財運にご縁（5円）をもたらしてくれる、硬貨型のお守りです

御影守 1200円
☝開くと三つ折りの中央が鏡面になっており、豊川吒枳尼眞天のお姿が

DATA 豊川稲荷（豊川閣妙厳寺）

- 曹洞宗
- 圓福山《えんぷくざん》
- 千手観世音菩薩《せんじゅかんぜおんぼさつ》
- 嘉吉元年（1441）
- 入母屋造《いりもやづくり》

住 愛知県豊川市豊川町1
交 JR飯田線豊川駅から徒歩5分
料 無料

+α メモ／ご祈祷の際に4000円以上を志納すると、点心（精進料理）がいただけます。内容は季節で替わりますが、やさしい味付けでおいしいと好評です。

岐阜

金の神の総本宮で金運招福 南宮大社
●なんぐうたいしゃ

拝殿や楼門など、華麗な朱塗りの社殿も見ごたえある美濃國一宮で、破魔除災・金運招福のご利益を。

旧 国幣大社で美濃國一宮。主祭神は天照大神《あまてらすおおかみ》の兄神にあたる金山彦命《かなやまひこのみこと》で、全国の鉱山・金属業の総本宮として古くより深い崇敬を集めています。金属の神様であることから、金運招福のご利益をいただけるとも。現在の建物は3代将軍・徳川家光公が再建したもので、壮麗な朱塗りの社殿は江戸時代の神社建築の代表的な遺構として、18棟が国の重文に指定されています。

1・15日は花手水

高舞殿と拝殿。社殿は関ヶ原の戦いによる兵火で焼失。春日局の願いにより3代将軍家光公が再建しました　本殿に向かって左に鎮座する南大神社　金物絵馬が奉納されています

美濃國一宮の社格を感じる丹精で美しい御朱印です

右の字……奉拝
中央の字……南宮大社
右の印……美濃國一宮
中央の印……南宮大社

ココだけの御朱印帳！

印と文字のシンプルな御朱印。伊富岐神社、大領神社、南宮御旅神社の御朱印もいただけます

壮麗な社殿の装飾にもご注目を！

楼門の表には右大臣、左大臣の木像が、裏には狛犬が門番のごとく配置されます　高舞殿の蟇股には、ぐるりと十二支の動物の丸彫りが　大鳥居は鉄製で高さ21m、東海エリアでも有数のスケールを誇ります

ご神木の白玉椿と楼門がデザインされた御朱印帳。裏には南宮大社の社紋入り。
1200円

ご利益おもちかえり

御刀守 800円

金山彦命のご神徳により運を切り開いて、幸福が訪れるよう祈願

金運御守 1000円

金運アップのご利益を授かる小判型のお守り。財布などに入れて

DATA 南宮大社
金山彦命《かなやまひこのみこと》
紀元前660年　南宮造《なんぐうづくり》
住 岐阜県不破郡垂井町宮代1734-1
交 JR東海道本線垂井駅から徒歩20分
料 無料

+αメモ／南宮大社の宝物館は、年に一度、11月3日の文化の日に一般公開されます。刀剣、胴丸、駅鈴、絵馬など実に多彩な宝物がありますが、なかでも刀剣類は圧巻。国の重文にも指定される刀剣の「三条」、「康光」は必見です。

岐阜

神様のお腹にふれて金運上昇

出雲福徳神社

いずもふくとくじんじゃ

島根の出雲大社より分霊。大黒様と恵比寿様のご木像を奉迎したことが始まりです。平成7年（1995）には高さ2.2mの石像が安置され、お腹をさすると金運上昇のご利益があると崇められてきました。授与所には金運を招く授与品も豊富に揃っています。

☝参拝後に宝くじが高額当選したという人が続出しているとか。全国から参拝客が訪れます

ココにも注目！

☞2020年4月に新たな社が完成した「金精大明神」。子授け安産や健康増進にご利益が

柔らかい表情をした大黒様の押し印に注目

右の字……奉拝
中央の字…出雲福徳神社
右の印……上・七福即生
下・大黒様の顔
中央の印…出雲福徳神社

☝火・木・土・日曜・祝日に授与所でいただけます。はさみ紙にも大黒様の押し印が

ココだけの御朱印帳！

金運にご利益がある神社ならではの黄金色。表紙にはカエデがあしらわれています。1500円

ご利益おもちかえり

金運小判 380円

☝大黒様が刻印された小判。財布に入れて携帯するだけで金運がアップ!?

神の福カード 800円

☝表には大黒様と恵比寿様、裏にはさまざまなご利益が描かれています

DATA 出雲福徳神社

大国主命《おおくにぬしのかみ》・事代主命《ことしろぬしのかみ》・神武天皇《じんむてんのう》・三宝荒神《さんぽうこうじん》

昭和7年(1932)　不明

住 岐阜県中津川市坂下638-4
交 JR中央本線坂下駅から徒歩10分
料 無料

+αメモ／宝くじの高額当選を祈る参拝客におすすめなのが、招福箱3000円です。大黒様が描かれた桐箱に宝くじを入れて保管しておくと、ご加護が受けられるかもしれません。

愛知

白御影石の巨大な大黒天が御鎮座

妙林寺

みょうりんじ

創建は応永23年（1416）で、開基は法孫日珍《ほうそんにっちん》上人。昭和59年（1984）には、高さ4.5m、重さ80t、総高7.5mの大黒天が建立されました。打出の小槌の後ろに設置された「金の成る鐘」の鐘の音を聞くだけで子宝や金運のご利益があるといわれています。

☝大黒天を祀る寺の総本山

☝体の悪い所と同じ場所をさするとご利益があるという「身代わり大黒天」

☝地元では"ごまきの大黒さん"として親しまれています

ココにも注目！

☞大黒天の台座には部屋があり、十二神将や上達千手観音などの木像が保管されています

大黒天をイメージして描かれた文字が印象的

右の字…法栄山／中央の字…右・南無妙法蓮華経　中・日本一鐘つき大黒天　左・南無妙法蓮華経　福こまきの大黒さん　下・七宝／左の字…妙林寺／右の印…打出の小槌／中央の印…大黒天様のお姿／左の印…大黒天総本山妙林寺

☞御朱印は3種類。毎月最終金曜は、いずれかが金の御朱印に

ご利益おもちかえり

金運御守 800円

☝財宝を思わせる金色のお守り。裏には"ごまきの大黒さん"の刺繍も

疫病退散祈願札 1000円

☝新型コロナウイルス感染症をはじめ、疫病の鎮静の祈りを込めたお札

DATA 妙林寺

日蓮宗
法栄山《ほうえいざん》　大黒天《だいこくてん》

応永23年(1416)

住 愛知県小牧市中央6-272
交 名鉄小牧線小牧駅から徒歩15分
料 無料

+αメモ／「南無妙法蓮華経」のひげ文字と大黒天の印を押した日蓮宗の御首題も、御朱印帳にいただくことができます。御朱印とともにデザイン性が高いのでぜひ。

学業・勝運を上げる神社

商売に受験、出世や恋愛から
スポーツまで、人生では
あらゆる勝負場面に出くわします。
自分にできる努力をしたら
強運と勝運にあやかれる神様に、
邪念を祓い心静かに祈るのみ！

愛知

厄除魔除と勝運開運を司る神様

上地八幡宮《うえじはちまんぐう》

得意の弓で、一発必中・一念的中に幸運をゲット！ 咲く時期によって三度楽しめる鬱金《うこん》桜も有名です。

平家追討に際し、源《みなもとの》範頼《のりより》が戦勝祈願。見事に勝利を収めて三河の守護となった範頼が、立派な社殿を寄進し創建しました。勝利運に守られた弓の得意な應神《おうじん》天皇を祀り、弓矢と勝運の神様として多くの武人も参拝。勝負ごとに限らず、安産、受験をはじめ、さまざまな難関突破へと導いてくれます。拝殿の前には薄黄緑色の花を咲かせる鬱金桜があり、花の最盛期はとりわけにぎわいます。

☝本殿右に雨の降りそうな夜になるとうなり出すという「うなり石」があります。玉砂利を持ち帰ると交通安全などのご利益が

鬱金桜の花見もぜひ！

☝咲き始めは薄黄緑色ですが、開花中に花芯から徐々に紅みがさし、咲き終わりはピンクに染まります。見頃は４月上旬～中旬

末広がりの八
縁起のよい筆使いが印象的

中央の字…上地八幡宮
右の印……右・弓の神さま
左・源氏必勝祈願所
中央の印…上地八幡宮

☝通常はこちらの1種類のみですが、桜まつりの期間限定で鬱金桜をモチーフにした限定御朱印も登場します

☞源範頼の中興と伝えられ、本殿は国の重要文化財に指定されています。本殿から見て左の木が鬱金桜です

神社の中に線路が!?

ご利益おもちかえり

弓道守護 1000円

☝弓道の技が上達し、ケガをせず、実力を存分に発揮できますように

勝運守護 1000円

☝入試や資格試験の合格、スポーツなど、勝運全般を導いてくれます

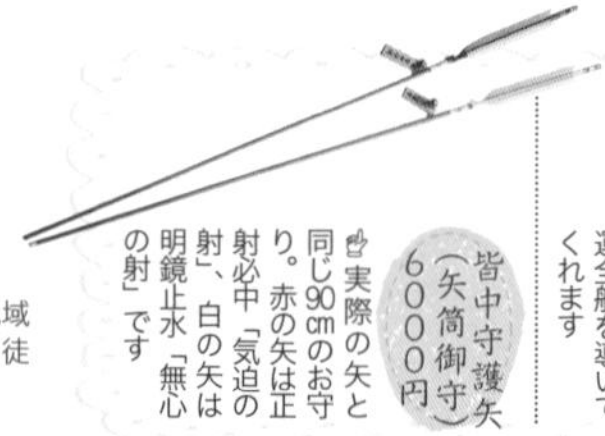

皆中守護矢（矢筒御守）6000円

☝実際の矢と同じ90㎝のお守り。赤の矢は正射必中「気迫の射」、白の矢は明鏡止水「無心の射」です

DATA 上地八幡宮

應神天皇《おうじんてんのう》・仁徳天皇《にんとくてんのう》・八剱命《やつるぎのみこと》

建久元年(1190)　三間社流造《さんけんしゃながれづくり》

住 愛知県岡崎市上地町字宮脇48

交 JR東海道本線岡崎駅から名鉄バス南部地域交流センター行きで6分、願成寺前下車、徒歩1分

料 無料

+αメモ／上地八幡宮の参道には、JR東海道本線の線路が横切っています。一の鳥居をくぐり踏切を渡ってから拝殿に向かう、ちょっと珍しい光景を写真に収める参拝者も。

岐阜市内きっての学業の神様

加納天満宮

●かのうてんまんぐう

中山道六十七次のなかで有数の大宿であった加納の地で、地元の人びとや旅人に親しまれてきた天神様です。

文安2年（1445）、斎藤利永《さいとうとしなが》が築いた沓井城《くついじょう》（旧加納城）の守護神として天満宮を勧請。関ケ原戦後、家康が岐阜城（旧稲葉山城）を廃し加納城を構築する際、新しい鎮護の神として現在地に遷座されました。加納城初代城主・奥平信《おくだいらのぶ》昌《まさ》、正室亀姫をはじめ、地元からの信仰は篤く、現在はご祭神・菅原道《すがわらみち》真《ざね》公のご利益にあやかろうと、全国から受験生が祈願に訪れます。

道真公の絵馬がずらり！

平成15年（2003）に再建された本殿。本殿前には菅原道真公のお使いである牛像があります。頭をなでると知恵を授かる、ケガや病気の場所をなでると早く治るともいわれます

学問の神様のお姿を頂戴します

右の字……奉拝
中央の字…加納天満宮
右の印……上・梅鉢
　　　　　下・菅原道真公
中央の印…加納天満宮印

合格祈願や学業成就の神様として崇められる菅原道真公の、ありがたいお姿印がうれしい御朱印です

おまいりポイントと見どころをご紹介！

拝殿は戦災を逃れた唯一の建造物。文化7年（1810）に建立され、明治35年（1902）に大修理が行われました　拝殿の内部欄間部には三十六歌仙・六歌仙の額が掲げられています　境内社として、津島神社や稲荷神社をはじめ13社を勧請しています　本殿の新築を機に、戦後途絶えていた山車曳航を天神祭として復活。戦火を逃れ町内で唯一残った山車・鞍馬車を曳き回します

DATA 加納天満宮
菅原道真公《すがわらみちざねこう》
文安2年（1445）　八幡造《はちまんづくり》
住 岐阜県岐阜市加納天神町4-1
交 JR東海道本線岐阜駅加納口から徒歩5分
料 無料

ご利益おもちかえり

学業御守 各800円
受験生定番のお守り。通常タイプとカードタイプがあります

合格祈願はち巻 1000円
頭に巻いて受験勉強をすると、どんどん勉強がはかどるはず！

天神箸 500円
受験当日の朝、この箸で合格を願いながら朝食をいただきます

仕事御守 1000円
右大臣にまで出世した菅原道真公。仕事の成功と出世を願います

運気上昇守 1000円
学業、仕事だけでなくあらゆる開運・運気を高めるお守りです

+αメモ／進学や合格、学業成就のご祈祷では、ご利益おもちかえりの授与品でも紹介している学業御守、合格祈願はち巻、天神箸のほか、合格鉛筆やお供え物もいただけます。受験生の方は、ぜひどうぞ！

三重

頭を守護し、知恵を授ける！

頭之宮四方神社

●こうべのみやよもうじんじゃ

日本で「頭之宮」と名の付く神社は唯一ここだけ。健康で聡明な頭からすべての運が切り開かれます。

平安京を造営された桓武《かんむ》天皇の子孫・唐橋中将光盛卿《からはしちゅうじょうみつもりきょう》の髑髏《どくろ》をお祀りする神社。

頭之宮と名の付く神社は全国でもここだけで、「あたまの宮さん」として特に首より上の諸祈願に信仰を集めます。霊験あらたかな頭之守護神、知恵之大神といわれ、合格祈願はもちろん、アイデア勝負による社業発展や職務勉励、頭の病気平癒、認知症よけなど、多くの祈願者が訪れます。

頭之水とヒキガエルで運を引き寄せます

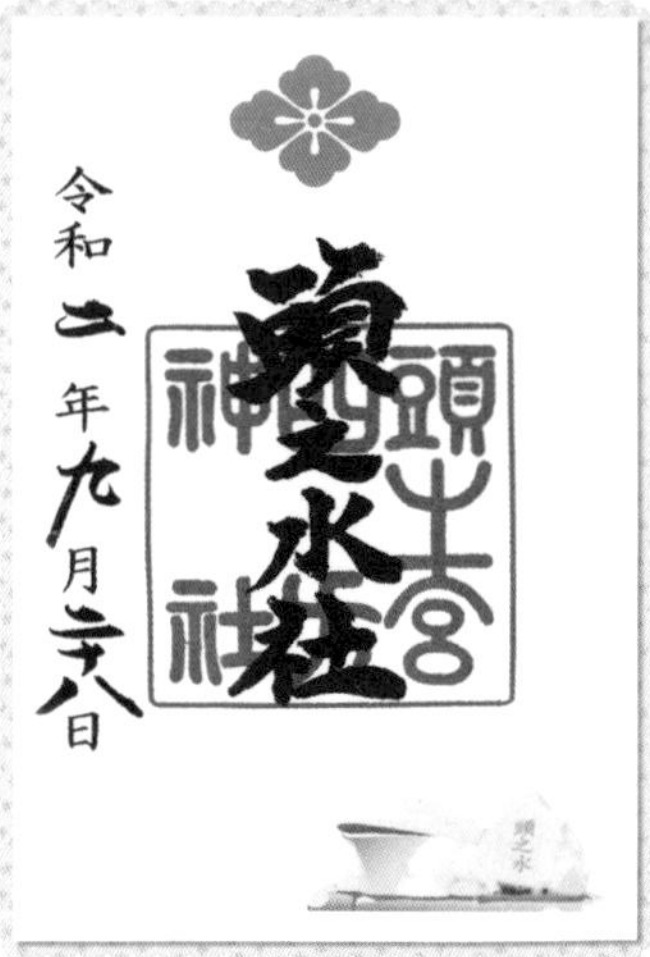

中央の字…頭之水社
中央の印…上・社紋(花菱)
下・頭之宮
四方神社
右の絵……頭之水

☝ご神水が湧く頭之水社の御朱印。水と御朱印をいただいて、知恵をさずかりましょう

☝清らかな唐子川の傍らに鎮座します。社殿は平成9年(1997)の「平成の大造営」により完成

ココにも注目！

☝カエルの口から出る清水は、ご神水とされる頭之水です。別名「知恵の水」ともいわれ、飲むとご神徳がいただけるとか

☝頭之石は石をなでて、自身の頭もなでるとご利益があるとされます

堂々たる社名印が存在感を示します

中央の字…奉拝
中央の印…頭之宮四方神社

☝社名の「四方」とは、四方八方に至るまで限なくご神徳が広がることを意味しています

ココだけの御朱印帳！

☝榊や鈴、紙垂など、神社にゆかりのある模様が入ったデザイン。白と黒の2色あります。各1800円

ご利益おもちかえり

合格守
各1200円

☝他を抜き合格することからタヌキの絵柄。大切な試験などの前に

頭之守
各1200円

☝首から上のお守り。仕事や商売のアイデアを授けてもらうのにも

DATA 頭之宮四方神社
唐橋中将光盛卿《からはしちゅうじょうみつもりきょう》
建久2年(1191) 神明造《しんめいづくり》
住 三重県度会郡大紀町大内山3314-2
交 JR紀勢本線大内山駅から徒歩10分
料 無料

+α メモ／社殿に向かって右手には、白と黒の石が積み上げられた「奉石所」があります。人間の意思は弱いことから、硬い石に心願を託し成就を願うのです。願いをかける際は白石、成就した暁にはお礼参りとして黒石を奉納します。

愛知

名古屋の三大天神社のひとつ

桜天神社

●さくらてんじんしゃ

織田信秀が北野天満宮から菅原道真公の木像を勧請し、那古野《なごや》城に設けた祠に奉ったのが始まりといわれます。ビルの合間の小さな神社ですが、拝殿や「撫で牛」、自分の年の数だけ柄杓で水をかけ祈願する「願の水の牛」など、複数のおまいりポイントが。

☞紅白の梅の絵が目を引きます。突き当たり左手奥に拝殿があります

受験生の守り神、道真公の押し印

☞心を乱すことのない、すっきりシンプルな御朱印です。菅原道真公の印には「さくら」の文字が

右の字…奉拝
中央の字…櫻天神社
右の印…菅原道真公
中央の印…桜天神社之印
左の印…桜天神社

ココにも注目！

☞願の水の牛。10歳までは年の数、10歳以上は各位を足した数(例えば35歳は8)の水を柄杓ですくって牛にかけます

ご利益おもちかえり

合格御守 1000円

☞満開の桜に気分も晴れやか！カバンにも付けやすいカラビナ式

五角(合格)鉛筆 500円

☞五智(英・算・国・理・社)の教科向上に。安定感があり握りやすい

DATA 桜天神社
菅原道真公《すがわらみちざねこう》
天文7年(1538) 神明造《しんめいづくり》
住 愛知県名古屋市中区錦2-4-6
交 地下鉄鶴舞線・桜通線丸の内駅5番出口から徒歩2分
料 無料

+α メモ／かつて神域に桜の大樹があったことから「櫻天満宮」、「桜天神」とも呼ばれるように。桜の大樹は万治3年(1660)の大火で焼失しましたが、「桜天神」の名は残り、桜通の由来にもなりました。

三重

国学を大成した本居《もと》《おり》宣長《のり》《なが》大人《う》《し》を祀る

本居宣長ノ宮

●もとおりのりながのみや

松阪の木綿商の家に生まれ、35年の年月を経て『古事記伝』を執筆した本居宣長大人。江戸末期に国学を大成したことから、学問の神様として信仰されています。受験シーズンにはご神徳にあやかろうと、多くの学生が参拝してお守りや祈願絵馬を求めます。

☞旧山室村にある本居宣長大人の墓の傍らに社宇を建て創建。大正4年(1951)に現在の場所へ遷座されました

☞合格祈願の絵馬も奉納できます

ココにも注目！

☞本居宣長大人が61歳であった寛政2年(1790)に、自画像に添えられた歌を刻んだ歌碑

歌碑に刻まれた歌が御朱印にも

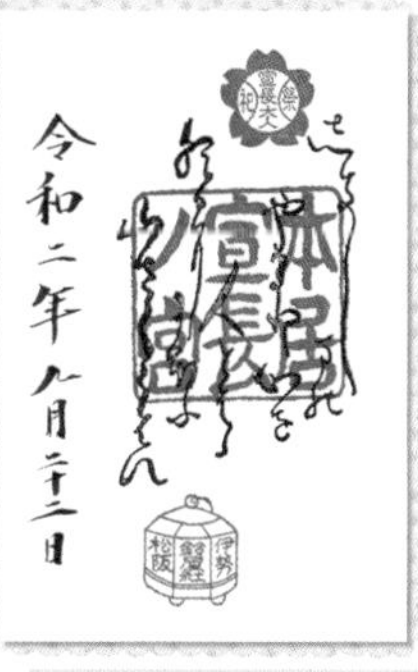

☞本居宣長大人は自身の書斎を「鈴屋」と名付けました

中央の字…志きしまやの やまとこころを 人とはば あさひににほふ 山さくら花／右の印…宣長大人祭祀／中央の印…本居宣長ノ宮／左の印…伊勢鈴屋社松阪

ご利益おもちかえり

学業成就御守 600円

☞学業成就を祈願して。絵柄は本居宣長大人が愛した鈴と桜です

合格御守 600円

☞サクラサクの届けを願う合格祈願に。こちらも桜と鈴の絵柄です

DATA 本居宣長ノ宮
秋津彦美豆櫻根大人(本居宣長)《あきつひこみづさくらねのうし(もとおりのりなが)》・神霊能真柱大人(平田篤胤)《かむたまのみはしらのうし(ひらたあつたね)》
明治8年(1875) 神明造《しんめいづくり》
住 三重県松阪市殿町1533-2
交 JR紀勢本線・近鉄山田線松阪駅から徒歩20分
料 無料

+α メモ／本居宣長ノ宮では、合格はちまき、合格鉛筆、合格御守、絵馬、御札がひとまとめになった合格祈願お守りセット2500円をご用意されています。また、毎年1月の初旬には、受験生のために「合格祈願祭」も開催されます。

美容・健康に効く神社

健康で、美しくありたいのは、年齢性別を超えた共通の願い。さまざまな病気平癒や無病息災、美のご利益を授けてくださると評判の寺社に訪れて、願いを託してみましょう。

☝美御前社は朱塗りの社殿が艶やかです
☝毎年5月4・5日には、青年が騎馬で参道の絶壁を駆け上がる「上げ馬神事」を開催

三重

多度大社《たどたいしゃ》

心身の健康的な美を祈願！

神々に願いを届ける白馬が棲むといわれる多度大社。女性を守護してくださる神様への願いを託しましょう。

神

体山と仰ぐ多度山の麓に、天津《あまつ》彦根命《ひこねのみこと》を主祭神として祀る本宮と、天目一箇《あめのまひとつの》命《みこと》を祀る別宮が鎮座。江戸時代には桑名藩主の本多忠勝《ほんだただかつ》公より莫大な寄進を受けて、「お伊勢参らばお多度もかけよ、お多度かけねば片参り」とうたわれるほどのにぎわいを見せました。また、摂社の美御前社《うつくしごぜんしゃ》は女性を守護してくださる神様で、おまいりすることで心が前向きになり美しくなるといわれています。

美を願う女性らしい端正な御朱印

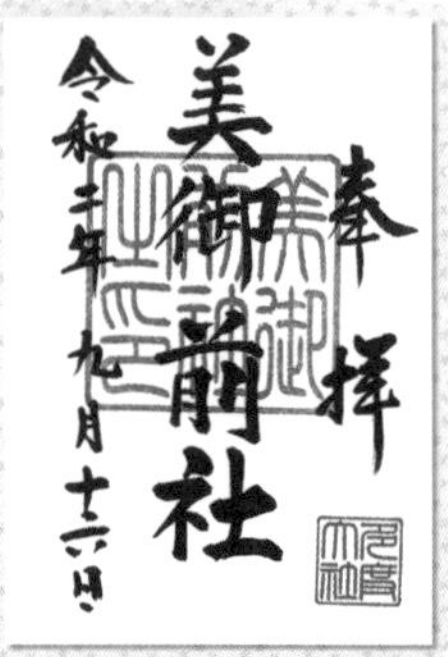

右の字…奉拝
中央の字…美御前社
右の印…多度大社
中央の印…美御前社之印

縁起のいい左馬がワンポイント！

右の字……奉拝
中央の字…多度大社
右の印……左馬印
中央の印…多度社印

親子関係のご祭神が両宮に祀られています

☝左が天津彦根命を祀る本宮、右が天目一箇命を祀る別宮・一目連神社で、併せて「多度両宮」とも称されます

☝御朱印は参集殿のなかにあるご祈祷受付所にていただけます。お守りなどの授与所は別で、神楽殿の奥にあります

ココだけの御朱印帳！

☞白馬伝説の御朱印帳1500円。下は午の日や正月三が日、多度祭の際に限定頒布される跳ね起き馬朱印帳2500円

ご利益おもちかえり

よくばり美人守
1000円
チャーム各500円

☝人柄や容姿端麗など、5種類あるチャームをお好みで取り付けます

うまくいく守
1000円

☝お守り袋に9頭の馬が描かれて「うまくいく」。飛躍を願い開運招福

DATA 多度大社
天津彦根命《あまつひこねのみこと》・天目一箇命《あめのまひとつのみこと》
不明(雄略天皇の御代に社殿が造営)
神明造《しんめいづくり》
住 三重県桑名市多度町1681
交 養老鉄道多度駅から徒歩20分
料 無料

+αメモ／多度大社では、神馬舎で白馬の神馬「錦山」号が出迎えてくれます。初穂料を納めると神馬にニンジンがあげられるほか、神馬保存飼育の寄付金を納めれば飾蹄鉄をいただくことも。生きた神馬は全国的にも珍しいです。

三重

日本武尊《やまとたけるのみこと》終焉の地に創建
加佐登神社
●かさどじんじゃ

日本武尊の最期の地となった鎮守の杜は、古くから諸病平癒のご利益で知られます。

日本武尊が亡くなられたとされる白鳥塚のすぐそばにあり、形見の笠と杖をお祀りしたのが加佐登神社の始まりとされます。尊は亡くなるまで病気に悩まされていたことから、病気平癒・無病息災によく効くと、古くから人びとの篤い信仰を集めてきました。拝殿には尊の木造が安置され、ご祈祷を受けたのち、ご自身の体の悪い箇所をなでさする方も多いそうです。

☞かつては「御笠殿社」と呼ばれていましたが、明治41年(1908)に17社を合祀して加佐登神社に

力強き書で日本武尊のご神徳を

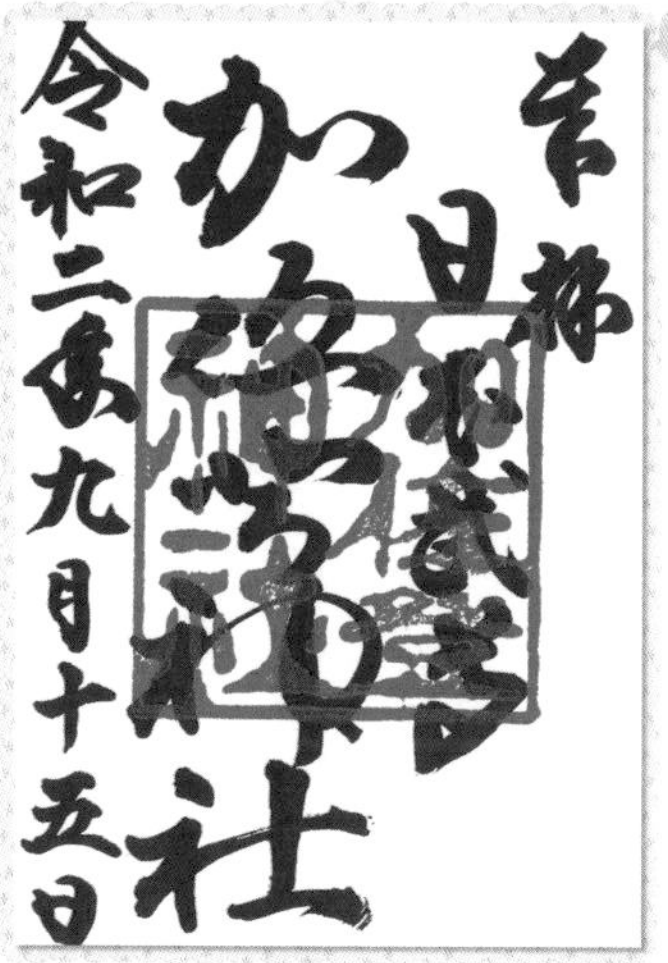

右の字……奉拝
中央の字…右・日本武尊
左・加佐登神社
中央の印…加佐登神社

☞拝殿横には昭和50年代に奉納されたという日本武尊の石像が御鎮座されます

ココにも注目!

☞拝殿には癌を克服された方が奉納されたという日本武尊の木像を安置しています ☞九州の熊襲建を討つ日本武尊の姿を描いた大型絵馬は必見です

日本武尊の命日に縁ある限定御朱印

中央の字…奉拝
右の印……上・日本武尊
中・なが月(月替わり) 下・八日まいり
中央の印…加佐登神社

☞毎月8日の月次祭限定御朱印です。日本武尊は4月8日にお亡くなりになったと伝わります

ご利益おまもりかえり

守袋(肌守り) 700円

☞病気平癒や無病息災にご利益があるとされます。全6色あります

首掛け守 1000円

☞日本武尊のお姿が彫り込まれたお守り。首から掛けて身に付けます

仕事守 800円

☞仕事全般がうまく整うように祈願。財布にも入れられる薄型タイプです

土鈴 1500円

☞拝殿横の石像をかたどった土鈴です。やさしい音色が心を癒やしてくれます

DATA 加佐登神社

日本武尊《やまとたけるのみこと》

不明 神明造《しんめいづくり》

住 三重県鈴鹿市加佐登町2010

交 JR関西本線加佐登駅から徒歩20分

料 無料

+α メモ 加佐登神社の北西約200mの場所に、日本武尊の御陵と伝わる白鳥塚があります。東西78m、南北59mの帆立貝式の前方後円墳で、日本武尊が死後に白鳥となって飛び立ったという伝説にちなんで白鳥塚と呼ばれています。

岐阜

御首神社

●みくびじんじゃ

平将門《たいらのまさかど》公の御首を祀り鎮める神社

平将門公の御首が落ちた荒尾の地に創建された神社で、首から上の諸祈願にご神徳があると伝えられています。

討たれさらし首となった平将門公が、京より獄門を抜け出し関東へと飛び立ちました。その途上、隼《はや》人神《とのかみ》がつがえた矢により射落とされた地に、御首を祀り霊を慰めるために創建されたのが御首神社です。ゆえに、首より上の諸祈願に霊験あらたかであるとされ、首上病気平癒や学業・進学成就などの願掛けが絶えません。首と矢をデザインした祈願絵馬も人気です。

☝関東へと飛びゆく平将門公の御首が射落とされたのがこの地だと伝わります ☞境内社として天照大神を祀る神明神社と、豊受大神を祀る鍬山神社、末廣稲荷神社の3社があります

首より上のご利益を求め御朱印を

中央の字…御首大神
左の字……右・岐阜県大垣市荒尾町 左・御首神社社務所
中央の印…御首神社之印
左の印……御首神社社務所之印

☝御朱印は手水舎の向かい側にある社務所で。印を用いたシンプルできっちりとした印象

首上の装飾品を絵馬堂に納めて心願成就を祈願

☝帽子やスカーフなど、首から上の装飾品を納めて諸願成就を願う絵馬堂。装飾品を自身の身代わりとして奉納します。1体500円 ☞祈願絵馬は首の字に弓矢が刺さったデザインが印象的。病気平癒や学業成就の願いを込めて

祈願絵馬 500円

ご利益おもちかえり

健康守 700円

☝青々として生命力のある若竹をデザイン。高齢者のぼけ防止にも

病気平癒御守 800円

☝病気平癒の願いを折り鶴に込めて。首に弓矢のデザインも特徴

DATA 御首神社

平将門公の御神霊《たいらのまさかどこうのごしんれい》

約1000年前(天慶の乱の後) 流造《ながれづくり》

住 岐阜県大垣市荒尾町1283-1

交 JR美濃赤坂線荒尾駅から徒歩1分

料 無料

+α メモ 御首神社は首から上の祈願にご神徳があるとされ、特に年明けからは試験を控えた受験生による参拝が全国各地よりあるそうです。ご祈祷を受け、祈願絵馬に合格祈願を記し、合格御守や学業成就御守をいただきましょう。

愛知

疫病封じの尾張家祈願所

白山神社

●はくさんじんじゃ

尾張徳川家よりの崇敬篤く、「尾張家祈願所」にも！
疱瘡などの疫病を防ぐ神様として崇められてきました。

黒田郷の開拓の祖神として大己貴《おおなむちの》命《みこと》を祀り創建。中世以降、山岳信仰の影響を受け、加賀の白山より伊耶那岐命《いざなぎのみこと》と菊理姫《くくりひめの》命《みこと》を合祀して白山神社と号しました。古より疫病封じの神様として崇敬され、尾張藩主・徳川義直《よしなお》の嫡男が疱瘡罹患の際には、ご祈祷の沙汰があり見事に平癒したとの記録が残ります。これにより白山神社は「尾張家祈願所」の名を賜りました。

☝京都の蔵人御所が勧進元となり建立されました。拝殿かつ神門でもあります

和歌に込められた意味にも注目

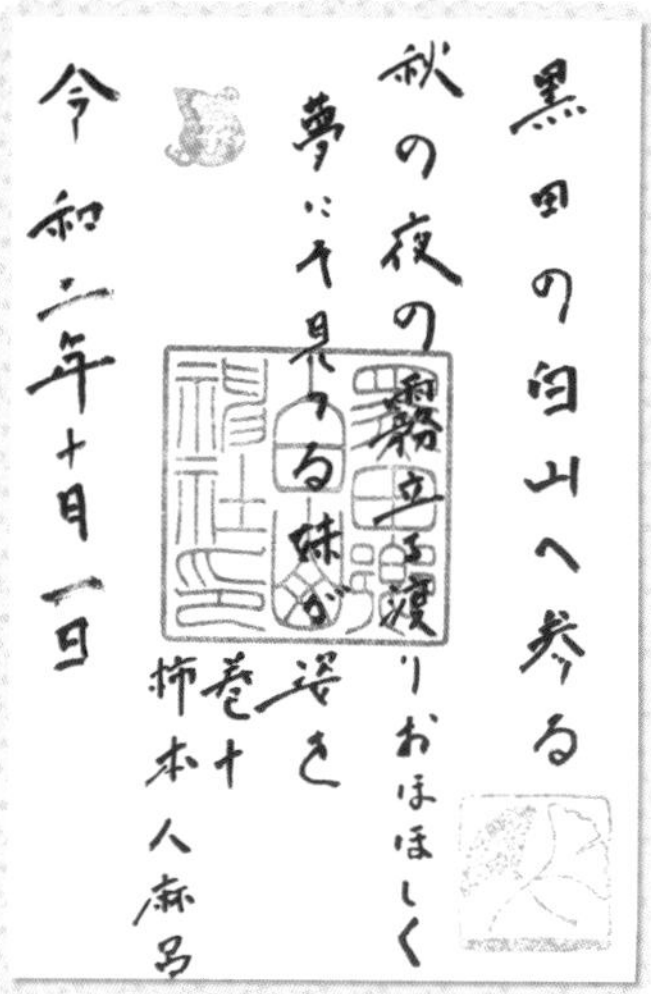
黒田の白山へ参る
秋の夜の霧立ち渡りおほほしく
夢にそ見つる妹が姿を
巻十
柿本人麻呂
令和二年十月一日

右の字……黒田の白山へ参る／中央の字…秋の夜の霧立ち渡りおほほしく夢にそ見つる妹が姿を／左の字…右・巻十左・柿本人麻呂／右の印…イチョウ(季節替わり)／中央の印…黒田郷白山神社印／左の印…子年(年替わり)

☝季節で替わる御朱印。和歌は万葉集より選り抜きされています。ご神職の在社を確認のうえ訪れましょう

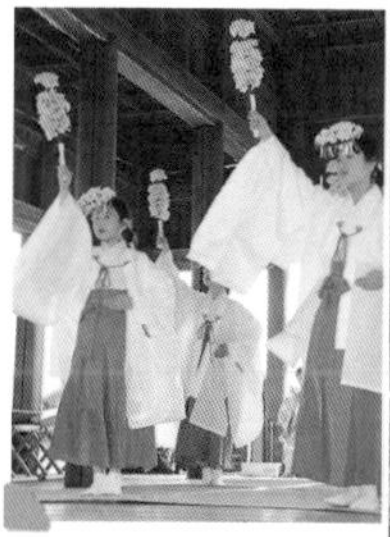

☝3月第4土曜の初午祭餅投げ神事などでは、地域の子らによる巫女舞も

白山神社

☝平成24年(2012)に完成した新しい本殿です

☝扁額はこの地が出身というメニコン会長の作です

☝境内社の黒田稲荷社。かつての黒田郷は穀倉地帯で稲の神が崇敬されました

尾張家祈願所のご神徳をいただく

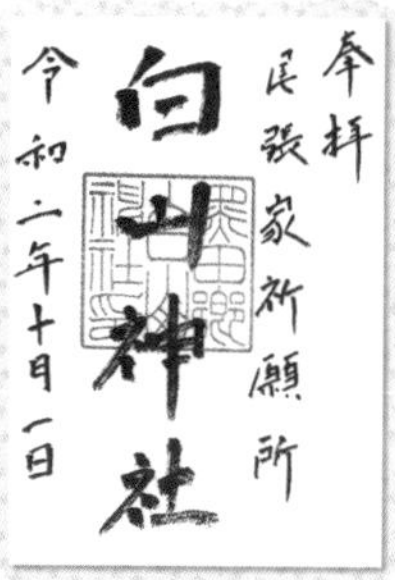
奉拝
尾張家祈願所
白山神社
令和二年十月一日

右の字……奉拝
中央の字…右・尾張家祈願所
左・白山神社
中央の印…黒田郷白山神社印

病気平癒の神札も！

ご利益おもちかえり

病気平癒御守 500円

☝疱瘡をはじめとするさまざまな病気平癒に。身に付けてご利益を

たじまもり 500円

☝守り袋のなかには、身体健全や病気平癒の願いを込めた橘の実が

DATA 白山神社

大己貴命《おおなむちのみこと》・伊耶那岐命《いざなぎのみこと》・菊理姫命《くくりひめのみこと》
皇極天皇2年(643)　流造《ながれづくり》

住 愛知県一宮市木曽川町黒田九の通り51
交 名鉄名古屋本線新木曽川駅から徒歩15分
料 無料

+αメモ／病気平癒のご祈祷を受けたり、病気平癒のお守りを求めると、神の手が描かれた神札がいただけます。この神札で病気の箇所をふれてなでると、ご神徳にあずかれるとか。気になる方は、まずはご神職にご相談を。

総合運などを上げる神社

具体的な悩みはないけれど、なんだかスッキリしない…
そんな人は、こちらの神社にお参りして、運気のベースアップを図ってみてはいかがでしょう。多彩なご利益を授かれば、心機一転、また明日から頑張れる！

神部神社と浅間神社の共通本殿である大拝殿は、一層目が千鳥破風付きの切妻屋根、二層目が入母屋屋根の楼閣造りで、国の重要文化財に指定されています

ココにも注目！
大拝殿の目の前に立つ富士山を模した舞殿には、獏が彫られています。大拝殿も絢爛豪華な造りで、随所に極彩色の彫刻が施されています

静岡

七社の神様が願いを叶えてくれる

静岡浅間神社

しずおかせんげんじんじゃ

全国唯一無二と称される大拝殿をはじめ、境内には名建築がずらり。細部の造りにも注目！

実は、静岡浅間神社という独立した神社はありません。この地方最古の神社である神部神社、醍醐天皇の勅願により富士山本宮から分祀された浅間神社、静岡市の地主神である大歳御祖神社の3社を総称して静岡浅間神社と呼びます。そのほかにも、境内には麓山神社、八千戈神社、少彦名神社、玉鉾神社の計7社があり、さまざまなご利益を授けてくれます。

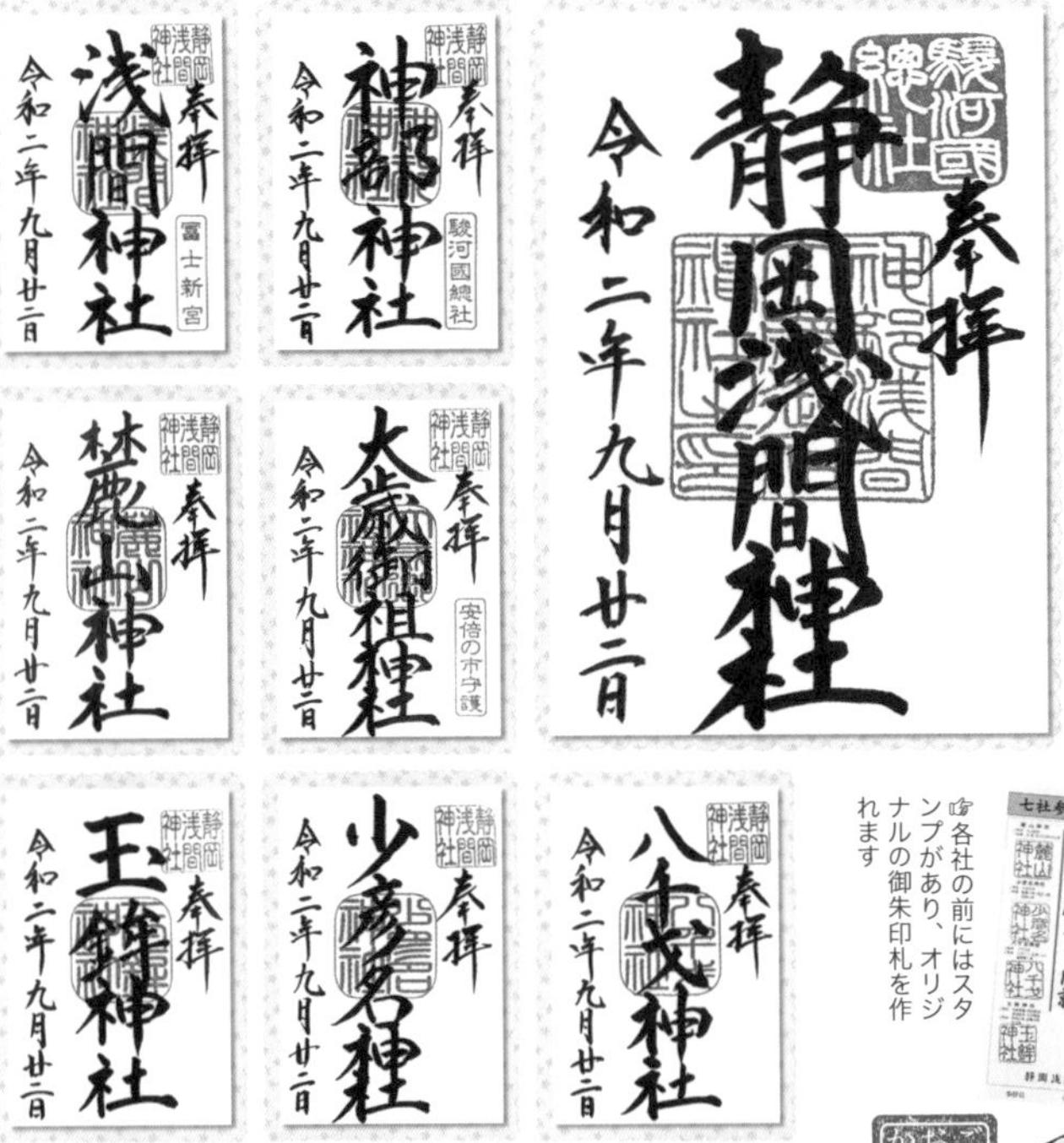

全8枚の御朱印で満願成就!?

右の字……奉拝
中央の字……静岡浅間神社
右の印……駿河國總社
中央の印……神部浅間大歳御祖神社之印

各社の前にはスタンプがあり、オリジナルの御朱印札を作れます

ご利益おもちかえり

麻守 各800円
病気平癒、身体健全、除災招福、厄難消除にご利益があります

赤鳥守 各800円
浅間神社とゆかりのある今川義元の旗印「赤鳥」がモチーフ

ココだけの御朱印帳！

鮮やかな社殿の背後に富士山がそびえる縁起のいいデザイン。1000円

DATA 静岡浅間神社

木之花咲耶姫命《このはなさくやひめのみこと》・大己貴命《おおなむちのみこと》・大歳御祖命《おおとしみおやのみこと》

崇神天皇の御代（約2100年前）

比翼三間社流造（浅間神社・神部神社）

住 静岡県静岡市葵区宮ケ崎町102-1
交 JR東海道本線静岡駅からしずてつジャストラインバス安倍線または美和大谷線で8分、赤鳥居 浅間神社入口下車、徒歩すぐ
料 無料

+α メモ／静岡浅間神社の境内には「七不思議」が伝えられています。どこから見ても見る者を睨み返す大拝殿の天井に描かれた龍、踏みつけると不思議な音がする鳴石など。信じるか信じないかは、あなた次第です。

愛知

戦国武将からも崇敬を集めた神社
津島神社
●つしまじんじゃ

全国約3000社にも及ぶ天王信仰の総本社で、疫病や厄難災除などにご利益があるとされます。

ご祭神は建速《たけはや》須佐《すさ》之《の》男《おの》命《みこと》ですが、神仏習合により一時期、牛頭天王に改められたことから天王信仰の総本社としても知られます。民衆に広く親しまれましたが、特に織田信長や豊臣秀吉、尾張徳川家といった武将からの崇敬が篤く、寄進により造営された本殿や楼門などの建造物も見どころです。また、神社の祭礼「天王祭」はユネスコ無形文化遺産に登録されました。

☝拝殿は切妻造妻入。本殿は徳川家康の四男で清州城主・松平忠吉の妻、政子の方が寄進

季節で替わる副印をコレクション

右の印……全国天王総本社
中央の印…上・菊の花（季節替わり）
下・津島神社

☝写真の副印は菊の花ですが、これは藤や天王祭など、時期や祭礼によって替わります

ココにも注目！

☝豊臣秀吉の寄進により、天正19年（1591）に建立された楼門。配置上は脇門となりますが、正門のごとき壮大さです

☝豊臣秀頼の寄進と伝えられる南門　☞寛文13年（1673）に再建された摂社の弥五郎殿社

悪疫退散！建速須佐之男命が御鎮座

右の字……全国天王総本社
津島神社
中央の字…悪疫退散
中央の印…建速須佐之男命

☝新型コロナウイルス平癒の願いを込めた特別な限定御朱印。ウイルスが終息するまで頒布される予定です

ココだけの御朱印帳！

☝右は鳥居と楼門、藤の花による絵柄。左は尾張津島天王祭をデザインしています。各1500円

ご利益おもちかえり

勝守　各1000円

☝荒々しい建速須佐之男命に必勝祈願。携帯しやすいカードタイプ

錦守　1000円

☝津島神社を象徴する楼門が描かれた肌守り。疫病や厄難災除に

DATA 津島神社

建速須佐之男命・大穴牟遅命《たけはやすさのおのみこと・おおあなむじのみこと》

欽明天皇元年(540)　三間社流造《さんげんしゃながれづくり》

住 愛知県津島市神明町1
交 名鉄津島線津島駅西口から徒歩15分
料 無料

+αメモ／津島神社の祭礼「尾張津島天王祭」は、7月第4土曜の宵祭とその翌日に行われる朝祭が見どころです。なかでも、500個余りの提灯を灯した5艘の巻藁船が天王川に漕ぎ出す宵祭は、なんとも幻想的で非常に美しいです。

愛知

真清田神社
●ますみだじんじゃ

尾張一宮の中心地に御鎮座

尾張の人びとから永きにわたり篤い信仰を集める神社で、吐水龍より滔々と湧くご神水もパワーを秘めています。

一宮市の中心地に位置し、市名の由来にもなった尾張国一之宮。江戸時代には幕府の神領として朱印領333石を奉ったほか、寛永8年（1631）年には尾張藩主・徳川義直《よしなお》による社殿の大修理が行われるなど、篤く崇敬を集めてきました。社殿はこの地方独特の尾張造《おわりづくり》で、奥の本殿、手前の拝殿、その間に立つ祭文殿を回廊でつないだ左右対称の建築様式が特徴です。

立派な神馬の像も！

戦災による焼失により、社殿は昭和32年（1957）に再興。ご用材には木曽檜が用いられています　尾張国一之宮の格を示す見事な楼門　境内摂社の服織神社は縁結びの神様としても人気です

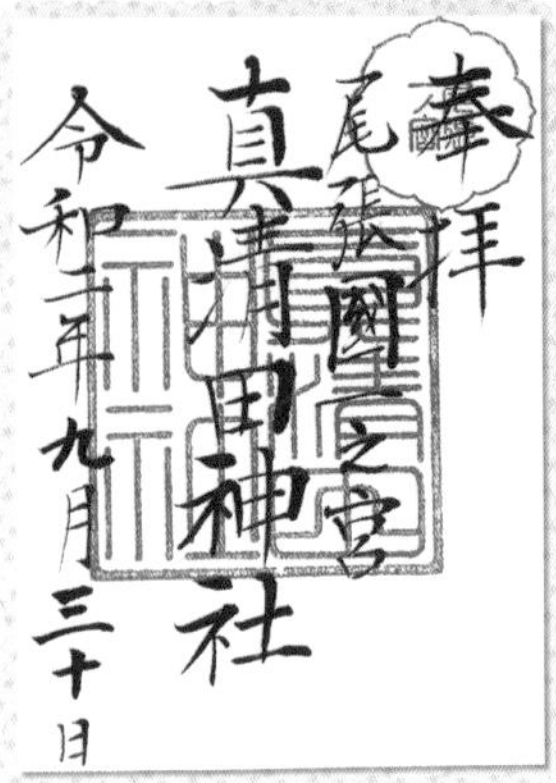

格式ある丹精で美しい御朱印を参拝記念に

右の字……奉拝
中央の字…右・尾張國一之宮　左・真清田神社
右の印……尾張一ノ宮
中央の印…真清田神社

かつてこの地域は清く澄んだ水により水田が形成されていたため、真清田と名付けられたとか

ご神水で無病息災のご利益を

服薬・健康・幼児育成にご霊験があるとされるご神水　神池には厳島社と八龍神社が鎮座します　拝殿左手にある神水舎。明治天皇が一宮を巡幸された際に、この井戸水をもって陛下にお茶が献じられました

ココだけの御朱印帳！

趣のあるかわいさ

社紋（竹ノ輪に九枚笹）神馬、ご鈴鏡、土鈴が描かれたデザイン。裏は桃の花。1500円

ご利益おもちかえり

縁むすび守 1000円

2本ある運命之紅糸は、1本を服織神社に結び、1本は自分用に

錦守 1000円

社紋が美しくデザインされています。身体安全・病気平癒などに

DATA 真清田神社
天火明命《あめのほあかりのみこと》
神武天王33年（紀元前627）　尾張造《おわりづくり》
住 愛知県一宮市真清田1-2-1
交 JR東海道本線尾張一宮駅・名鉄名古屋本線名鉄一宮駅東口から徒歩8分
料 無料

+αメモ／繊維業で発展した一宮では、7月下旬の木〜日曜の4日間に「一宮七夕まつり」が開催されます。真清田神社の摂社・服織神社のご祭神は萬幡豊秋津師比売命で、七夕祭の織姫とも。期間中は美しい七夕飾りに彩られます。

愛知

名古屋晴明神社

平安時代の陰陽師、安倍《あべの》晴明《せいめい》の神社

●なごやせいめいじんじゃ

安倍晴明の晩年の住居跡と伝わる場所で、近辺で大量発生したマムシを退治したことから祠が建てられたといわれています。結界が張られた境内のあちこちに晴明桔梗と呼ばれる五芒星《ごぼうせい》の神紋が見られ、魔除けや厄除けをはじめ、広いご利益をいただけます。

星のマーク、晴明桔梗が輝きます！

右の字……奉拝
中央の字…晴明神社
左の字……名古屋
中央の印…晴明神社
左の印……晴明桔梗（神紋）

晴明桔梗は陰陽道で用いられる祈祷呪符。天地五行（木・火・土・金・水）の象徴で、宇宙万物の除災清浄を表します

ココにも注目！

神殿前の狛犬は、礼拝後に自分の体の悪い部分をなでるとご利益があるそう。男性は左、女性は右の狛犬で！

ご利益おもちかえり

願掛祈符 200円

呪文や図が描かれた陰陽師のお札。恋愛、金運など13種類あり

幸運のキーホルダー 300円

幸せを呼ぶ晴明桔梗のお守り。紐やリングなどストラップを選べます

五芒星のパワー！

五芒星ステッカー 200円

魔除けのステッカー。玄関扉や門、車の後部などに外向きに貼ります

DATA 名古屋晴明神社
安倍晴明《あべのせいめい》
安永7年（1778）
住 愛知県名古屋市千種区清明山1-6
交 地下鉄名城線砂田橋駅1番出口から徒歩15分
料 無料

+αメモ／神社はいつでも参拝できますが、社務所の開所時間は火・木曜の13〜16時、土・日曜、祝日の10〜16時。御朱印や授与品をいただくなら、開所時間に訪れましょう。

三重

神明神社

女性の願いをひとつ叶えてくれる

●しんめいじんじゃ

天《あま》照《てら》皇《す》大神《おおみかみ》を主祭神として、26柱の神々が祀られる神明神社。その境内社で海神の娘である玉依姫命《たまよりひめのみこと》を祭神とする石神さんは、古くから相差《おうさつ》の海女の間で「女性の願いならひとつは叶えてくれる」と信仰されています。祈願用紙に願いをひとつ書き参拝を。

まずは神明神社へ参拝 石神さんは神明神社への参道の途中にあります ピンクの祈願用紙に願い事を

諸願成就の神明神社

右の字…上・奉拝下・疫病退散／中央の字…神明神社／中央の印…神明神社／左の印…神明神社

御朱印は授与所でいただけます。社務所は不定休のため、事前に確認を

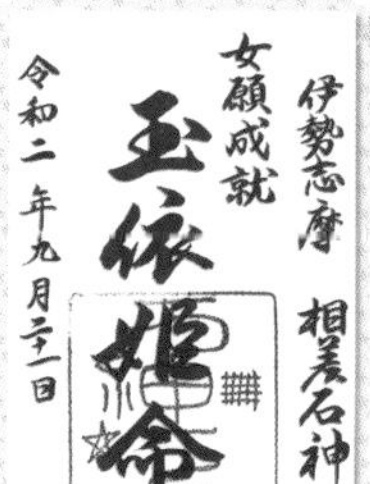

女願成就を願います

右の字…上・伊勢志摩 下・相差石神／中央の字…右・女願成就 左・玉依姫命／中央の印…石神社（マーク右・ドーマン マーク左・セーマン）

中央の印に描かれたドーマン・セーマンは、海女が身につける魔除けのおまじない

ココだけの御朱印帳！

表は神明神社の文字、裏は石神の文字とドーマン・セーマンが。1200円

ご利益おもちかえり

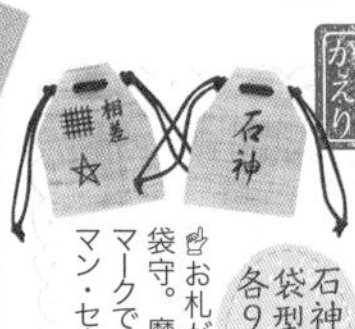

石神さん袋型御守 各900円

お札が入った袋守。魔除けのマークであるドーマン・セーマンも

石神さんストラップ型御守り 1100円

ご神体にゆかりある相差の海岸の石が入っています

DATA 神明神社
天照皇大神・玉依姫命《あまてらすおおみかみ・たまよりひめのみこと》など26柱
不明 神明造《しんめいづくり》
住 三重県鳥羽市相差町1385
交 JR参宮線・近鉄鳥羽線鳥羽駅からかもめバス国崎方面行きで40分、相差（石神さん前）下車、徒歩7分
料 無料

+αメモ／石神さんの参拝方法は、まずピンクの祈願用紙に願い事を丁寧にひとつだけ書きます。その後、お社で鈴を鳴らし、折りたたんだ祈願用紙を願い箱へ。二礼二拍手一礼の後、静かに気持ちを込めてお願いをしましょう。

☞「キャンドルナイトｉｎ真如寺」。地域の活性化と名鉄電車の利用促進の思いが込められています

開かれたお寺を目指すべく取り組みを開始

地域の人びとに向きあい、「開かれたお寺」の取り組みに積極的な寺院があります。愛知県蒲郡市にある真如寺（→P57）は、その先駆者的存在。村松憲道さんが真如寺の住職となったのは平成26年（2014）のことです。

「もともとお寺は布教の場としてだけでなく、地域の福祉や文化、教育の拠点の役割を担い、多くの人が集う場所でした。地域の活性化はもちろん、普段は来ない方もおまいりに来ていただき、笑顔になって帰ってもらえる、そんな場所にしたいと思ったんです」

お寺を知ってもらうためにイベントを企画

その思いをカタチにしたのが2015年に始まったイベント「キャンドルナイトｉｎ真如寺」です。

「蝋燭の炎とプロジェクションマッピングによる幻想的な演出と、飲食や物販、ショーなどの催しを企画。たくさんの人にご協力いただき、開催にこぎつけることができました。その後は、三河地区のベーカリーとコラボした「パンまつり」や、2018年からは境内に2000個以上の風鈴をつるす「風鈴まつり」も。残念ながら今年の開催はいずれも見合わせましたが、みなさん、本当にいい笑顔になってお帰りになります」

真如寺の住職に聞きました！

みんなが集う“令和のお寺”とは？

「寺離れ」という言葉も囁かれる昨今、「お寺の新たなカタチ」として、さまざまな取り組みを行う村松住職にお話をうかがいました。

真如寺 住職

●村松憲道《むらまつのりみち》さん

笑顔が一番のご利益です♪

御朱印が参拝のきっかけのひとつになれば

もっと笑顔を増やしたい——。2016年からは通常御朱印に加えて、誰もがほっこりするカラフルな御朱印の授与もスタート。参拝者が多い日には何時間も待ち時間が生じるほどの人気です（当分は密を防ぐため御朱印帳預かり・後日お渡しなどの対応の場合あり）。

「御朱印でもイベントでも、きっかけは何でもいいと思います。それぞれのお気持ちでおまいりをすることが大切。御朱印はその参拝記念としてお書きしています。お待ちいただくのは心苦しいのですが、その時間も（今は難しいですが）ご参拝の方同士でお話されたり、よいご縁を結んでいただければうれしいですね」と。

「人々が集い、ご縁を結び、笑顔になれる場所。本来の姿を取り戻すために、お寺も進化していきます。みなさん、気軽に足を運んでみてくださいね」

☞御朱印は通常8種類、月替わり5種類、飛び出す御朱印など、種類も豊富。10月の月替わりの御朱印はキノコの間で鬼たちがかくれんぼ？鬼それぞれで異なる表情がかわいい

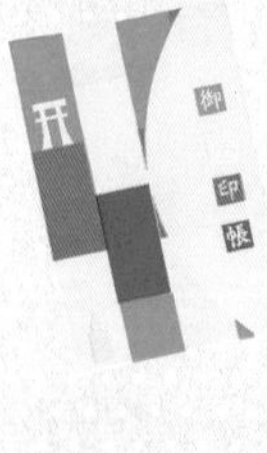

☞見るだけで楽しくなるカラフルでポップな仕上がり！

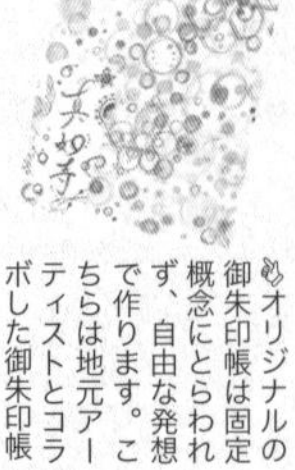

☞オリジナルの御朱印帳は固定概念にとらわれず、自由な発想で作ります。こちらは地元アーティストとコラボした御朱印帳

第5章

運気アップ！

ぐるっと御朱印めぐり旅

御朱印集めは旅のテーマにもぴったり。人気観光地で寺社をめぐり、グルメや温泉も組み合わせれば、より思い出深い旅行になるでしょう。

三重

お伊勢参り 御朱印旅

日本人の聖地であり、心の故郷でもあるお伊勢さんへ

日本人の総氏神である天照大御神《あまてらすおおみかみ》をお祀りする伊勢神宮。江戸時代には「一生一度はお伊勢さん」といわれ、今なお国民の篤い崇敬を集める日本一の聖地です。神宮とゆかりの社寺をめぐる1泊2日、お伊勢参りの旅路をご案内します。

伊勢神宮は正式名称を「神宮」といい、内宮に日本人の総氏神である天照大御神を、外宮に天照大御神の食事を司る豊受大御神《とようけのおおみかみ》をお祀りしています。江戸時代には「お蔭《かげ》参り」とも呼ばれ、神宮参拝が一生一度の憧れの巡礼旅でした。人びとは禊《みそぎ》の浜といわれる二見浦で心身を清めてから、外宮へ、そして内宮へ参拝したといわれます。そんな古式ゆかしいお伊勢

まずは知っておきたい伊勢神宮の基本

【其の壱】日本最高格の神社です

第11代垂仁《すいにん》天皇より天照大御神を祀るにふさわしい場所を探すよう命じられた皇女の倭姫命《やまとひめのみこと》が、ようやく見つけたとされるのが五十鈴《いすず》川上流に位置する内宮の地。八百万の神々の中心たる天照大御神が鎮まる神宮は、全国8万社を超す神社のなかでも別格の聖地として知られます。

【其の弐】別宮・摂社・末社など全125社からなります

伊勢神宮とは125社からなる神社の総称です。内宮と外宮の2つの正宮に、14の別宮、43の摂社、24の末社、そして42の所管社からなります。別宮は正宮に次いで格式が高いとされ、その筆頭は内宮の荒祭宮《あらまつりのみや》と外宮の多賀宮《たかのみや》です。

要チェック!! 神宮参拝のお作法

外宮→内宮の順番で！

神宮参拝は外宮からとされます。これは「外宮先祭」といって、神宮の祭典が外宮から行われるのに由来。これは天照大御神の食事を司る豊受大御神に、内宮に先だって神饌をお供えするから。この祭典の順序にならい、外宮からおまいりするのが習わしとなりました。

内宮の神域へは宇治橋を渡って向かいます

外宮は左側、内宮は右側通行です

かつては外宮参道の左側に宮川が、

参りをなぞりつつ、令和の時代の御朱印旅を楽しみましょう。

(1日目)

二見浦駅

徒歩15分

❶ **二見興玉神社**

徒歩15分

二見浦駅

電車で8分

伊勢市駅

徒歩5分

❷ **伊勢神宮 外宮**

伊勢市駅周辺で宿泊

伊勢神宮の神域は、伊勢市の面積の約4分の1にもなるとか!

【其の参】正宮は内宮と外宮があります

雄略天皇の時代、天照大御神の託宣により丹波の国の御《み》饌都神《けつかみ》・豊受大御神をお祀りする外宮が創建されました。外宮、内宮のいずれかしか参拝しない片参りはなるべく避けたいところです。

豊受大御神をお祀りする正宮

【其の四】天照大御神は日本人の総氏神

天照大御神は高天《たかあま》原《はら》と呼ばれる天上世界を統べる神で、皇祖神であり、すべての日本人の総氏神でもあります。万物を照らす太陽にも例えられ、日本でもっとも尊い神様です。

天照大御神をお祀りする正宮

【其の五】20年に一度、式年遷宮を行います

20年に一度、東西に並ぶ宮地を改め、社殿や御装束神宝《おんしょうぞくしんぽう》をはじめとするすべてを新しくして、大御神にお遷りいただく祭典です。持統天皇4年(690)に第1回が行われ、平成25年(2013)には第62回目となる遷宮が行われました。

内宮の別宮・荒祭宮。125社すべてをめぐる人も!

外宮には「せんぐう館」があります。詳細はP111を参照

内宮参道の右側に五十鈴川が流れ、川で禊をしてから参拝していたため外宮は左側、内宮は右側通行になったともいわれます。

まずは日頃の感謝を伝えましょう

正宮の参拝では、まず日々を平穏無事に過ごせることへの感謝を大御神にお伝えし、個人的な願い事はその後にしましょう。

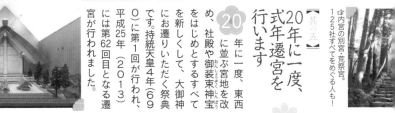

（2日目）

伊勢市駅前バス停
↓ 伊勢鳥羽二見周遊バスCANバスで20分
内宮前バス停
↓ 徒歩すぐ
③ **伊勢神宮 内宮**
↓ 徒歩15分
④ **猿田彦神社**
↓ 三交バスで4分
五十鈴川駅前バス停
↓ 参宮バスで25分 ※土日祝のみ運行
金剛證寺バス停
↓ 徒歩すぐ
⑤ **金剛證寺**
↓ 徒歩すぐ
金剛證寺バス停
↓ 参宮バスで25分 ※土日祝のみ運行
五十鈴川駅前バス停
↓ 徒歩すぐ
五十鈴川駅

☞夫婦岩の真正面には日の出遥拝所があります ☞境内には奉献された蛙がいっぱい

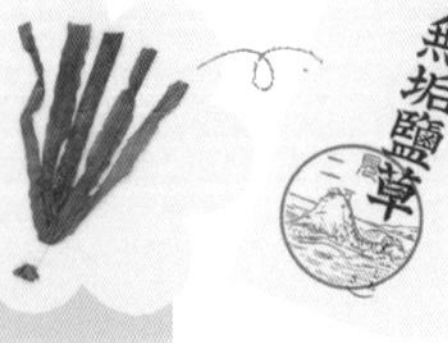

☞身に付け禊の代わりとする無垢塩草。なかには二見浦の海藻が入っています

心身の禊に無垢塩草をいただきます！

1 10:00

二見興玉神社

●ふたみおきたまじんじゃ

夫婦岩の沖合約700m先に鎮まる猿田彦大神《さるたひこのおおかみ》ゆかりの霊石・興玉神石《おきたましんせき》を遥拝する神社です。古来より伊勢神宮の参拝前に二見浦の海水で心身を清める禊の霊場でもありました。現在では無《む》垢塩祓《くしおばらい》を受けて禊とするほか、無垢塩草《むくしおぐさ》の授与により禊の代わりとすることもできます。5～7月頃に拝むことができる、夫婦岩の間から昇る日の出も絶景です。

お伊勢参り前の浜参宮によって心身を清めます

☞目の前に夫婦岩を望む拝殿。祭典やご祈祷なども拝殿にて行われます ☞興玉神石と日の出を遥拝する鳥居として注連縄が張られた夫婦岩。男岩は高さ9m、女岩は高さ4mです

ご利益 おもち かえり

夫婦守 1200円

☞夫婦岩がデザインされた夫婦円満のお守り。夫婦2個セットです

金銀蛙 500円

☞財布に入れると「お金がかえる」とされる縁起のいいお守りです

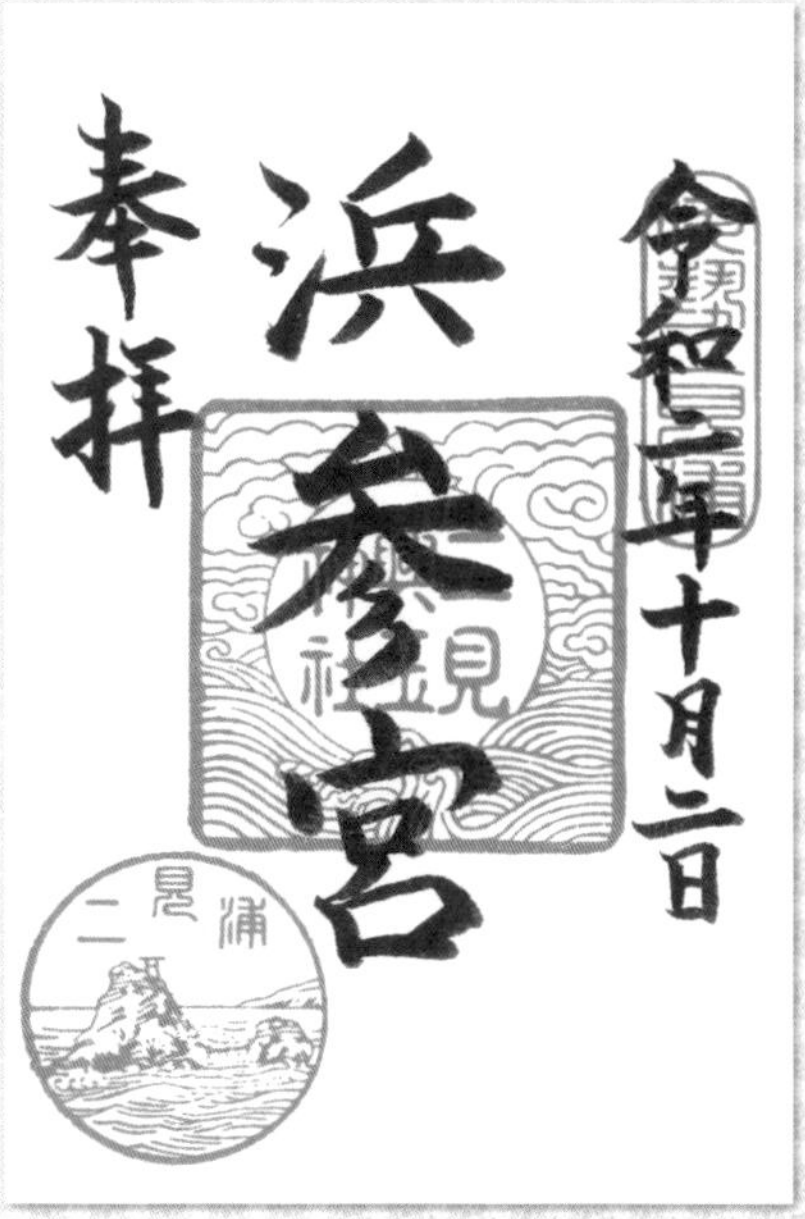

中央の字…浜参宮
右の印……伊勢二見浦
中央の印…二見興玉神社
左の印……二見浦(夫婦岩)

☞伊勢神宮への参拝前に、二見浦で心身を清めることを「浜参宮」といいます。無垢塩草とセットでいただきたい御朱印です

中央の印…上:二見興玉神社参拝證印(二見蛙・輪注連縄)
下:二見浦禊齋證印(夫婦岩)

☞二見の日=毎月23日の限定御朱印。昭和初期に授与されていた御朱印の図案を復刻しています

中央の字…龍宮社
左の字……奉拝
右の印……伊勢二見浦
中央の印…二見浦龍宮社

☞境内社である龍宮社の御朱印も授与所にていただけます。中央の朱印には二対の龍神が描かれています

☞海を守護する綿津見大神をお祀りする龍宮社 ☞天照大御神がお隠れになられたとされる天の岩屋です

☞第二鳥居の横にも蛙がいます ☞手水舎には猿田彦大神の神使である蛙が御鎮座されます

ココだけの御朱印帳!

☞二見浦に浮かぶ夫婦岩がシンボリックな御朱印帳。朱色は日の出、青色は満月をイメージ。各1200円

DATA 二見興玉神社
猿田彦大神《さるたひこのおおかみ》・
宇迦乃御魂大神《うがのみたまのおおかみ》
不明
住 三重県伊勢市二見町江575
交 JR参宮線二見浦駅から徒歩15分
料 無料

2

13:30

伊勢神宮 外宮（豊受大神宮）

● いせじんぐう げくう（とようけだいじんぐう）

内宮の御鎮座から約５００年後、天照大御神《あまてらすおおみかみ》の食事を司る御饌都神《みけつかみ》として、豊《とよ》受大御神《うけのおおみかみ》をお迎えして創建されました。現在では衣食住や産業といった生活全般を豊かにする守護神として、広く崇敬を集めています。外宮板垣内にある御饌殿《みけでん》では朝夕の１日２度、天照大御神をはじめとする神々に食事を備える日別朝夕大御饌祭《ひごとあさゆうおおみけさい》が、約１５００年間続けられています。

基本の参拝ルート

表参道火除橋《おもてさんどうひよけばし》

外宮の玄関口となる火除橋。第一鳥居口御橋とも呼ばれ、この橋より先が神域となります

清盛楠《きよもりぐす》

樹齢１０００年近い大楠。平清盛が勅使として参向した折、冠にふれた枝を伐らせたという伝承が残ります

三ツ石《みついし》

古殿地の向かい側にある3つの石。この前で式年遷宮の川原大祓が行われます

古殿地《こでんち》

前回の遷宮まで社殿があった場所。正宮と同じ広さの敷地を有し、中央には心御柱の覆屋があります

正宮《しょうぐう》

豊受大御神がお祀りされています。殿舎は美しい檜の素木を用いた唯一神明造。内宮の正宮と配置、構造などはほとんど変わりませんが、細部に相違はあります

神々の食事を司る 暮らし全般の 力強き守護神です

授与品は ここで いただけます

神楽殿《かぐらでん》

正宮への参道途中にある銅板葺、入母屋造の建物です。神札、お守りなどを授与するほか、ご祈祷の受付も行っています

土宮《つちのみや》

☞御池に架かる亀石を渡った西側に鎮座。ご祭神は大土乃御祖神で、宮域の地主神、宮川堤の守護神とされます

多賀宮《たかのみや》

☞豊受大御神の荒御魂をお祀りし、外宮に所属する四別宮の第一に位します。殿舎の規模も正宮に次ぐ大きさ

風宮《かぜのみや》

☞風雨を司る級長津彦命、級長戸辺命がご祭神。風雨は農作物に大きな影響があるため、正宮に準じた別宮となります

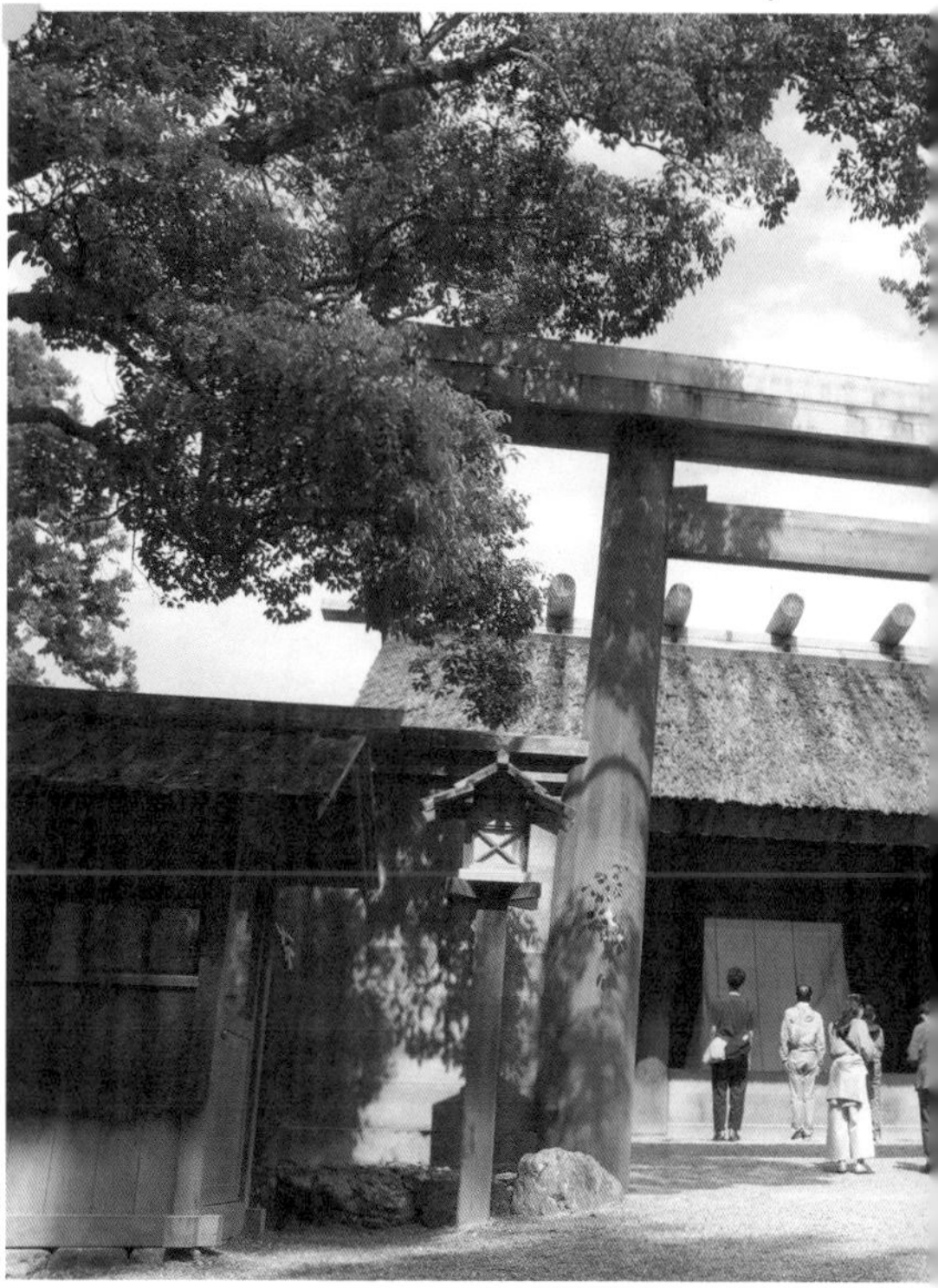

せんぐう館をチェック

20年に一度、社殿を新しく建て替え、神様にお遷りいただく式年遷宮を紹介するミュージアムです。館内では模型を使い社殿や渡御行列を再現するほか、御装束神宝やその調製に必要とされる高度な伝統技術の展示などもあります。なかでも、間近で仰ぎ見ることができる原寸大の外宮正殿模型は必見です。

☞表参道火除橋の左手にあります ☞大御神にお遷りいただく祭儀・渡御行列の模型展示

DATA 伊勢神宮 外宮（豊受大神宮）

豊受大御神《とようけのおおみかみ》

雄略天皇22年(478)

唯一神明造《ゆいいつしんめいづくり》

住 三重県伊勢市豊川町279

交 JR参宮線・近鉄山田線 伊勢市駅南口から徒歩5分

料 無料

☞差し込む木漏れ日がどこか神秘的な第二鳥居 ☞雨天の際、祓所に代わって神饌などが祓い清められる五丈殿と九丈殿 ☞御厩には神馬がいることも

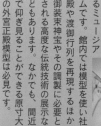

3

09:00

伊勢神宮 内宮（皇大神宮）

●いせじんぐう ないくう（こうたいじんぐう）

約2000年前、垂仁《すいにん》天皇の時代に内宮は創建されました。皇祖神であり、国民の総氏神と崇められる天照大御神が鎮まります。ご神体は皇位のみしるしとして受け継がれる三種の神器のひとつ、八《や》咫鏡《たのかがみ》。内宮の入口である宇治橋を渡り、玉砂利の参道を進むと、そこには清浄なる神域が広がっています。感謝の心を胸に静かに参拝をしましょう。

基本の参拝ルート

宇治橋《うじばし》

内宮への表玄関で、五十鈴川にかかる純日本風反り橋です。橋の前で一礼し、右側通行で渡って内宮神域へ入りましょう

火除橋《ひよけばし》

神苑を抜けた先、手水舎の手前に位置し、江戸時代には参拝者らが宿泊する宿や民家が近くまで立ち並んでいたためかけられました

御手洗場《みたらいば》

徳川綱吉の生母・桂昌院の寄進とされる石畳が敷き詰められた御手洗場。手水舎と同じくお清めができます

瀧祭神《たきまつりのかみ》

五十鈴川の守り神です。伊勢の人びとは毎年8月1日に神棚に供える水を五十鈴川で汲み、瀧祭神へおまいりします

正宮《しょうぐう》

天照大御神をお祀りする唯一神明造の正殿は、四重にめぐらされた垣根のうちに鎮まり、国家の守護神として、全国の神社の本宗として特別に崇敬を集めます

五十鈴川の上流、美しき神宮の杜に神々が鎮まります

神楽殿《かぐらでん》

正宮へと至る参道の中間地点に位置。お神札授与所やご祈祷受付、御饌殿などを備えます。御朱印もこちらで

別宮でも御朱印を！

伊勢神宮では内宮・外宮のほか5つの別宮でも御朱印がいただけます。すべてをめぐりましょう。

伊勢市 月読宮●つきよみのみや

ご祭神は天照大御神の弟神・月読尊。神域には月読宮、月読荒御魂宮、伊佐奈岐宮、伊佐奈弥宮の四別宮が並んで鎮座します。

伊勢市 月夜見宮●つきよみのみや

月読宮と同じ月夜見尊がご祭神。月夜見宮では月夜見尊と月夜見尊荒御魂をひとつの社殿でお祀りします。外宮より徒歩10分。

伊勢市 倭姫宮●やまとひめのみや

伊勢の地に神宮を創建したといわれる倭姫命をお祀りします。内宮と外宮を結ぶ御幸道路の中ほど、倉田山に御鎮座されます。

大紀町 瀧原宮●たきはらのみや

瀧原宮、瀧原並宮ともに天照大御神の御魂をお祀りし、遙宮として崇敬を集めます。おまいりは瀧原宮→瀧原並宮の順が基本。

志摩市 伊雑宮●いざわのみや

天照大御神の御魂をお祀りし、地元では磯部の大神宮さんと親しまれます。漁業関係者や海女より、海の守り神としても崇敬。

☜火除橋を渡った先にある立派な一の鳥居 ☜神宮神田で収穫された稲が奉納される御稲御倉 ☜神饌の代表、鮑を調理する儀式が行われる御贄調舎

荒祭宮《あらまつりのみや》

☜天照大御神の荒御魂をお祀りし、内宮の別宮のなかで第一に位します

風日祈宮《かざひのみのみや》

☜風雨を司る級長津彦命、級長戸辺命を祀ります。国難を救う神様としても知られています

DATA 伊勢神宮 内宮（皇大神宮）
天照大御神《あまてらすおおみかみ》
垂仁天皇26年（紀元前4年）
唯一神明造《ゆいいつしんめいづくり》
住 三重県伊勢市宇治館町1
交 JR参宮線・近鉄山田線伊勢市駅から伊勢鳥羽二見周遊バスCANバスで20分、内宮前下車、徒歩すぐ
料 無料

4

13:00

猿田彦神社

●さるたひこじんじゃ

瓊《に》瓊杵尊《にぎのみこと》を高千穂《たかちほ》にご案内し、天孫降臨を啓行された猿《さる》田彦大神《たひこのおおかみ》がご祭神です。「みちひらきの大神」と呼ばれ、物事を新しく始める際に参拝すれば、万事を良い方へ導いていただけるとされています。妻といわれる神であり、俳優や神楽、技芸の祖神と仰がれる

天宇受賣命《あめのうずめのみこと》も境内の佐《さ》瑠《る》女《め》神社に奉祀され、技芸上達を祈るスポーツ選手や芸能関係者の参拝も絶えません。

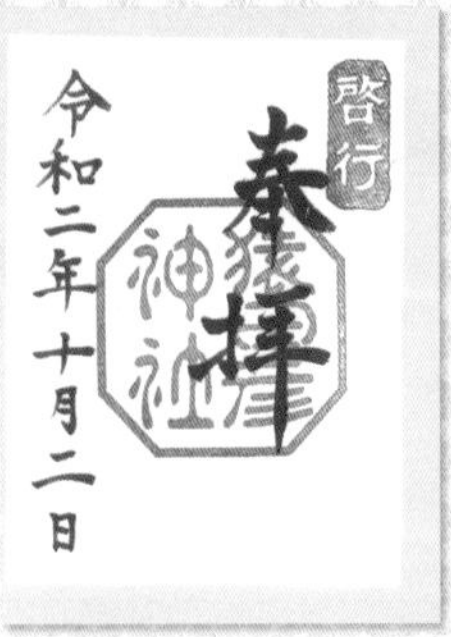

中央の字…奉拝
右の印……啓行
中央の印…猿田彦神社

☞啓行の文字が入った御朱印で、猿田彦大神のみちひらきのご神徳をいただきましょう

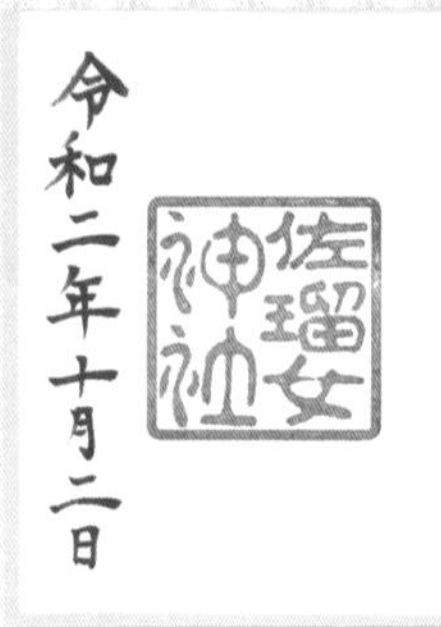

中央の印…佐瑠女神社

☞境内社である佐瑠女神社の御朱印もあります。技芸上達や良縁祈願に参拝を

順風満帆な未来にお導きくださるみちひらきの大神

☞本殿の鰹木や柱、欄干は八角形に。八角は方位を意味し、猿田彦大神のご神徳を仰ぐものとされています

ココだけの御朱印帳!

☞五瓜に梅鉢の神紋をデザインした御朱印帳1500円。御朱印帳を入れる朱印帳袋1000円もあります

☞佐瑠女神社は技芸上達のほか、良縁を結ぶ神様としても崇敬

☞古殿地には方角を刻んだ八角の石柱が。ここで願いをかける参拝者も多いとか ☞白蛇が乗っているように見える縁起の良い「たから石」

ご利益おもちかえり

芸能御守 800円

☞俳優や音楽、芸術関係などの技芸上達、心願成就にいただきます

みちひらき御守 800円

☞五瓜に梅鉢の神紋入りです。猿田彦大神がお導きくださいます

DATA 猿田彦神社

猿田彦大神《さるたひこのおおかみ》

不明

さだひこ造り

住 三重県伊勢市宇治浦田2-1-10

交 近鉄鳥羽線五十鈴川駅から三交バス内宮前行きで4分、猿田彦神社前下車、徒歩すぐ

料 無料

5
15:00
金剛證寺
●こんごうしょうじ

古より鬼門を守る
神宮の奥之院が
伊勢の朝熊山に

本堂の摩尼殿。かつて伊勢音頭では「お伊勢参らば朝熊をかけよ、朝熊かけねば片参り」とうたわれました

欽明天皇の時代、暁台《きょうだい》上人が開かれ、平安時代には弘法大師により堂守が建立、密教修行の一大道場として隆盛を極めました。ご本尊の福威智満虚空《ふくいちまんこくう》蔵大菩薩《ぞうだいぼさつ》は、日本三大虚空菩薩の第一位として、広大無辺な福徳・威徳・知徳の三徳を有する仏様として知られています。昔より伊勢神宮の鬼門を守る寺として「神宮の奥之院」ともいわれ、神宮参拝者は金剛證寺にも参詣するのが習わしでした。

階段を登った先の仁王門が入口です 天保4年（1833）に奈良薬師寺の仏足石を模刻したものです

奥之院への入口となる極楽門 最高で8mにも及ぶ卒塔婆がずらりと林立する供養林 卒塔婆の供養林を通り抜けた先に奥之院が

中央の字…願王殿
右の印……奉拝
中央の印……サ(梵字)
左の印……伊勢國朝熊岳奥之院

奥之院にていただける御朱印。中央朱印の梵字は奥之院のご本尊・地蔵菩薩を意味します

金剛證寺の御朱印は本堂でいただけます。中央の梵字はご本尊である虚空蔵大菩薩を意味します

右の字……奉拝
中央の字……摩尼殿
右の印……伊勢朝熊岳
中央の印…タラーク(梵字)
左の印……金剛證寺

ココだけの御朱印帳！

姫路城主・池田輝政の寄進により再興された本堂をデザイン。本堂は国の重文に指定されます。1500円

ご利益おもちかえり

足腰健全 仏足跡御守 500円
お釈迦様の足跡が刻まれた仏足跡のお守りで、健脚のご利益を

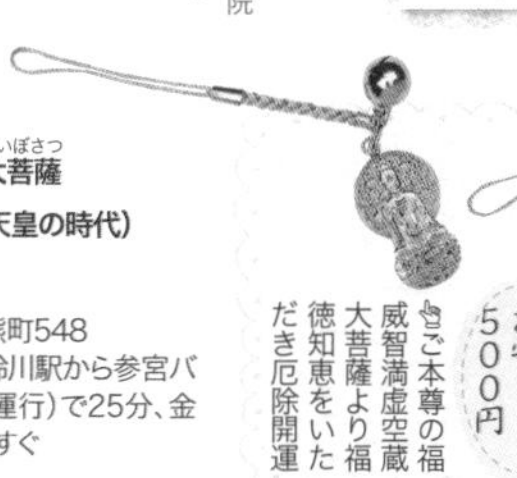

虚空菩薩お守 500円
ご本尊の福威智満虚空蔵大菩薩より福徳知恵をいただき厄除開運

DATA 金剛證寺

- 臨済宗
- 勝峰山《しょうほうざん》
- 福威智満虚空蔵大菩薩《ふくいちまんこくうぞうだいぼさつ》
- 6世紀後半（欽明天皇の時代）
- 寄棟造
- 住 三重県伊勢市朝熊町548
- 交 近鉄鳥羽線五十鈴川駅から参宮バス（※土日祝のみ運行）で25分、金剛證寺下車、徒歩すぐ
- 料 無料

三重・和歌山

神々が籠る深山の霊場を行く、熊野詣で心身をリフレッシュ！
世界遺産の聖地熊野三山御朱印ドライブ

古来より神々が住まう聖地として崇められてきた熊野。参詣すると心魂が甦り新たな気持ちになれるとされています。熊野詣の御朱印めぐり旅で、パワーをチャージしましょう！

熊野は「紀伊山地の霊場と参詣道」として、世界遺産に登録された3つの霊場のうちのひとつ。平安中期～鎌倉と江戸時代には、「蟻の熊野詣」といわれるほど多くの参詣者が山深いこの地を目指しました。崇拝の対象となるほど豊かで厳かな自然と、参詣の疲れを癒やしてくれる温泉に恵まれ、今なお多くの人が訪れます。熊野の神々の使いとされる八咫《やた》烏《がらす》に誘われて、世界遺産の聖地をめぐる旅へ。

熊野三山の中核をなす熊野総本宮

1 10:00

熊野本宮大社

●くまのほんぐうたいしゃ

熊野三山の中心で、全国に4700社以上ある熊野神社の総本宮。古代本宮の地に神が降臨し、社殿が大斎原《おおゆのはら》に創建されたと伝わります。明治22年（1889）の大洪水で上四社は現在地へ遷座されましたが、中四社、下四社などの神々は今も大斎原に御鎮座されます。神紋でもある八咫烏は導きの神として、多くのサッカー関係者が必勝祈願に訪れることでも有名です。

上四社のおまいり順もしっかりチェックを

☝左から夫須美大神、速玉大神、家津御子大神、天照大神。おまいりは家津御子大神→速玉大神→夫須美大神→天照大神の順番。最後に結びの神・祓いの神にも参拝しましょう ☜御神木の多羅葉の下には黒い八咫烏ポストがあります。社務所では投函できる八咫烏ポスト絵馬500円も販売

☞杉木立の中を本殿へと続く158段の石段 ☜石段の中腹、左側にある祓戸大神にまずおまいりを

ご利益おもちかえり

和の守 各2000円

☝漫画家・荒木飛呂彦氏によるデザインです。郵送での授与も対応

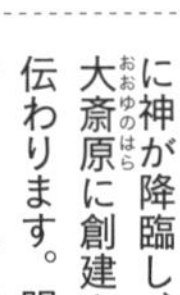

栄光の勝守 2000円

☝金糸で仕上げた特別バージョン。素盞鳴尊のお力をいただきます

(1日目)

新宮駅

←車で50分

① **熊野本宮大社**

←車で1時間15分

② **熊野那智大社**

←車で25分

勝浦温泉

勝浦温泉の宿にチェックイン

ココだけの御朱印帳!

☞御朱印帳・小1500円。黒色をベースにして、神紋である八咫烏と社殿をデザイン。シックで格調高い雰囲気に仕上がっています

☞御朱印帳・大3000円。表紙には神門から拝む檜皮葺の社殿と神紋の八咫烏が描かれています。大きめのサイズで使いやすさも良好です

大鳥居と八咫烏がカッコいい

右の字……奉拝
中央の字……熊野本宮
右の印……大鳥居
中央の印……上・神紋（本宮八咫烏）
下・熊野本宮大社

☞御朱印は授与所で。新型コロナウイルス感染症の対策中は、書き置きのみの授与となります

創祀の聖地である大斎原の御朱印

右の字…奉拝
中央の字…大斎原
中央の印…上・神紋（本宮八咫烏）
下・旧社地 大斎原

☞大斎原は熊野本宮大社の旧社地です。大斎原に立つ大鳥居にも八咫烏の神紋が見られます

伊邪那美命の強いパワーをいただきます

右の字…奉拝／中央の字…産田社／中央の印…上・神紋（本宮八咫烏） 下・荒御魂 産田社

☞産土の神と崇められる伊邪那美命の荒御魂がお祀りされる産田社の御朱印

☞高さ34m、横42mを誇る大斎原の大鳥居 ☞上四社をお祀りする熊野本宮大社からおまいりし、産田社、大斎原の順で参拝を

DATA 熊野本宮大社

家都美御子大神《けつみみこのおおかみ》・素戔嗚尊《すさのおのみこと》　など12柱

崇神天皇65年（紀元前33年）

入母屋造《いりもやづくり》・切妻造《きりつまづくり》

住 和歌山県田辺市本宮町本宮

交 JR紀勢本線新宮駅から熊野御坊南海バス川丈線・高田線本宮大社行きで1時間、本宮大社前下車、徒歩5分

料 無料

（2日目）
勝浦温泉
車で30分
③ **熊野速玉大社**
車で35分
④ **花窟神社**
車で3分
熊野市駅

467段におよぶ石段の上に社殿が

☞標高330m、山の中腹に位置する社殿。本殿や御懸彦社など8棟が国の重要文化財に指定されています

☞熊野の神々の使いである八咫烏を祀る御懸彦社。正面には八咫烏の銅像もあります　☞八咫烏おみくじ500円も人気です。開運招福の置き物にもピッタリ！

ご縁や所願を結ぶ
熊野夫須美大神の
ご神徳をいただく

2　13:30　熊野那智大社

●くまのなちたいしゃ

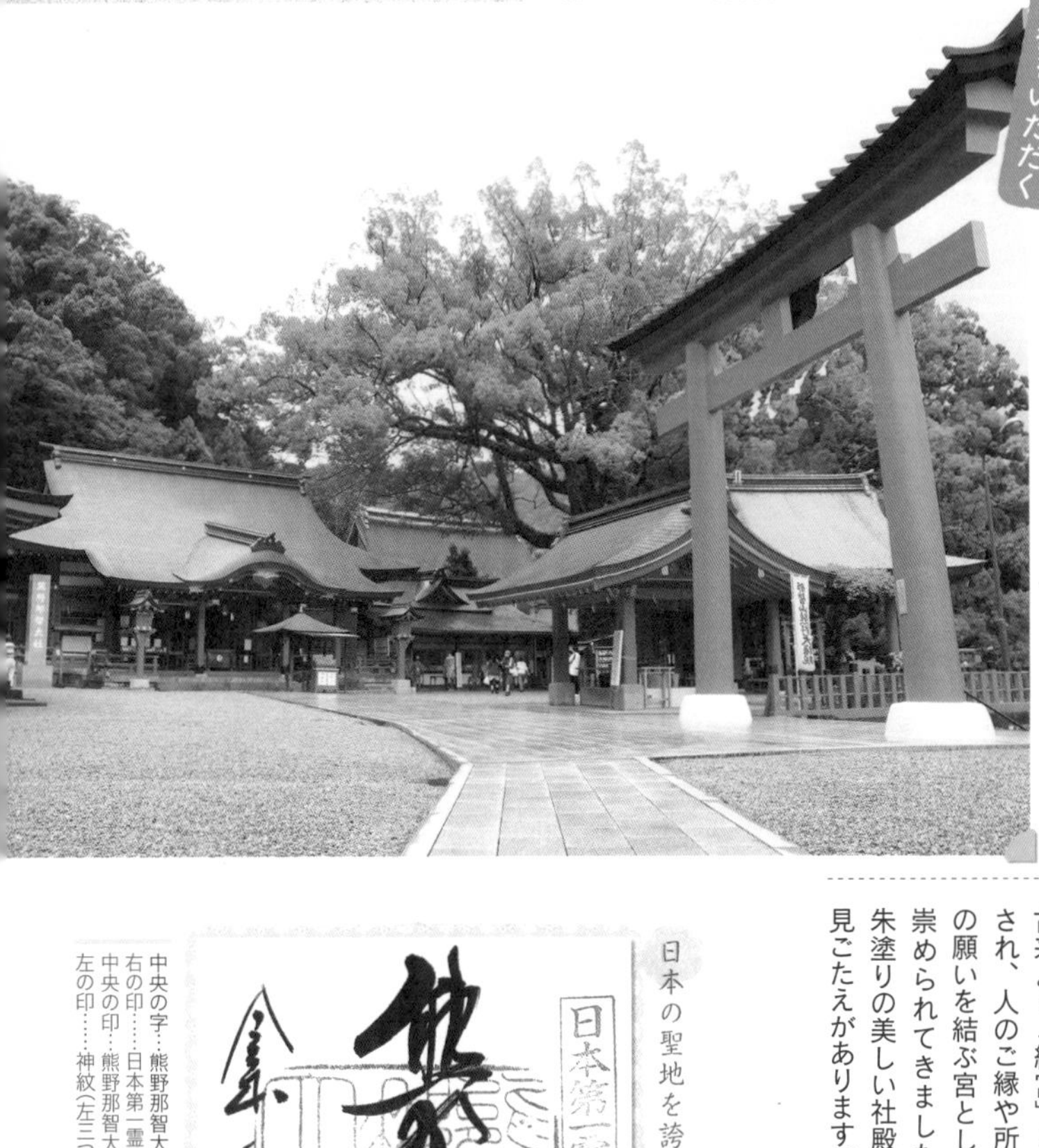

神代の時代より大己貴命《おおなむちのみこと》の現れたるご神体としてお祀りされていた那智御瀧《なちおたき》。その御滝本《みたきもと》に熊野の神々もお祀りされていましたが、仁徳天皇5年（317）、山の中腹にあらためて社殿を設け、神々をお遷ししたことが熊野那智大社の始まりとされます。古来より「結宮《むすびのみや》」と称され、人のご縁や所願の願いを結ぶ宮として崇められてきました。朱塗りの美しい社殿も見ごたえがあります。

八咫烏を祀る御懸彦社の御朱印も！

中央の字…御懸彦社
右の印……八咫烏
中央の印…御懸彦社
左の印……神紋(八咫烏)

☞導きの神である八咫烏の文字と朱印がうれしいです。こちらの御朱印も授与所にて

日本の聖地を誇る美しい御朱印

中央の字…熊野那智大社
右の印……日本第一霊験所
中央の印…熊野那智大社
左の印……神紋(左三つ巴)

☞日本第一霊験所と左三つ巴の神紋がポイントです。御朱印は拝殿横の授与所にて

☞那智山青岸渡寺の三重塔と那智御瀧を望む絶景のポイントです。那智御瀧は日本一の落差133m！

ご利益おもちかえり

烏牛王神符 800円

☞カラス文字で書かれた熊野三山特有の神符です。各種災難除けに

注連縄守 800円

☞那智御瀧の注連縄を使う災難除札。神棚・玄関などに吊り下げて

ココだけの御朱印帳！

☞毎年7月14日に斎行される熊野那智大社の例大祭「那智の扇火祭」の様子が表裏に描かれています。1500円

☞朱色の本殿と那智御瀧をデザインしたオリジナルの御朱印帳です。裏面には御懸彦社の八咫烏が。1500円

那智御瀧を思わせる流麗な墨筆

中央の字…那智御瀧
中央の印…那智御瀧之印

☞那智御瀧の御朱印は飛瀧神社の授与所で。飛瀧神社は熊野那智大社より徒歩約15分です

☞お滝拝所舞台へ参入すると、延命御守がいただけます

☞那智御瀧をご神体としてお祀りする別宮・飛瀧神社 ☞神霊石を通して祈りを捧げることができる御瀧本祈願所 ☞那智御瀧をより近くで、真正面より拝観できるお滝拝所舞台

DATA 熊野那智大社

熊野夫須美大神《くまのふすみおおかみ》・大己貴命《おおなむちのみこと》 など13柱

仁徳天皇5年(317) 熊野造《くまのづくり》

住 和歌山県東牟婁郡那智勝浦町那智山1

交 JR紀勢本線那智勝浦駅から熊野御坊南海バス那智山線那智山行きで26分、那智山下車、徒歩15分

料 無料(飛瀧神社のお滝拝所舞台参入は300円)

3

10:00

熊野速玉大社

●くまのはやたまたいしゃ

神《かみ》倉山《くらさん》のゴトビキ岩に降臨された熊野の神々をお祀りするため、景行《けいこう》天皇の御代に社殿を造営したと伝えられています。これにより「旧宮」の神倉神社に対して「新宮」と号しました。主祭神は熊野速玉大神《くまのはやたまのおおかみ》と熊野《くまの》夫須美大神《ふすみおおかみ》の夫婦神で、病気平癒や現世安穏、良縁結びなど、諸願成就のご神徳がいただけるとか。巨大なゴトビキ岩が鎮座する旧宮の神倉神社も必見です。

朱殿が美しい新宮で
熊野権現におまいりを

☞拝殿と朱塗の瑞垣の奥には、社殿が横に5棟並びます。左から結宮、速玉宮、摂社の奥御前三神殿、上三殿、八社殿です ☞神門内には熊野恵比寿神社もあります ☞大きな注連縄がかかる神門のすぐ隣には、瓦葺入母屋造の大禮殿も

☞朱色が鮮やかな鳥居。扁額には熊野三山でも逸早く賜ったという「熊野権現」の称号が ☞鳥居をくぐった右手には、境内末社の八咫烏神社と手力男神社 ☞ご神木の梛は、樹齢約1000年という大樹です

熊野権現のご神徳を御朱印で

右の字……上・全国熊野神社総本宮　下・奉拝
中央の字…熊野速玉大社
中央の印…上・熊野速玉大社　下・熊野大権現(八咫烏)

☞八咫烏と熊野大権現の朱印が目を引きます。御朱印は神門内の授与所にていただけます

ご利益おもちかえり

熊野古道甦守
各800円

☞自分を信じ、もう一度生きる力を取り戻す助けになってくれます

なぎまもり
600円

☞梛の木の実で奉製したお守り。現世安穏、縁結びなどのご神徳が

☞ご神体の巨岩。毎年2月2日と10月2日には、ご神体とご神木に約170mの大綱を渡す御綱掛け神事が行われます　☞伊弉冊尊が眠る葬所。季節の花を供えて祀ったことから「花窟」と名付けられました

☞手水舎の横には巨大な霊石が。痛いところをさすってからふれると、悪いところが治るといわれています

4　13:30
花窟神社
●はなのいわやじんじゃ

神々の母である伊弉冊尊《いざなみのみこと》が火神・軻遇突智尊《かぐつちのみこと》を産む際、火傷《やけど》を負いて亡くなり葬られたとされる御陵。国産みの舞台として日本書紀に記され、熊野信仰に先立つ古代からの聖地として知られます。社殿はなく高さ約45mの巨岩がご神体。境内には妻の死に逆上した伊弉諾尊《いざなぎのみこと》に殺された軻遇突智尊の葬所も。

伊弉冊尊の朱印が美しい

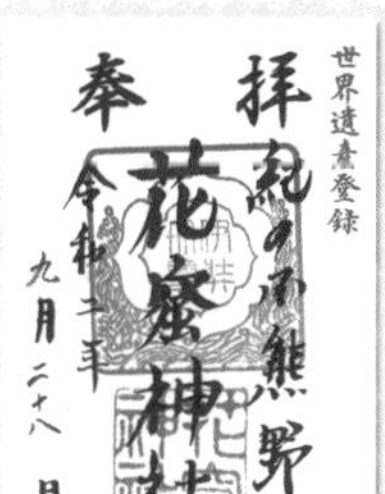

右の字…世界遺産登録／中央の字…上・奉拝　右・紀の国熊野　左・花窟神社／中央の印…上・伊弉冊尊　下・花窟神社

☞花窟神社の御朱印のほか、軻遇突智の朱印を押した産田神社の御朱印もいただけます

ココだけの御朱印帳！

☞表紙にはご神体とご神木に渡された大綱に吊るされる三旒の幡がデザインされています。裏面は伊弉冊尊が眠る葬所。各1500円

ご利益おもちかえり

玉石力守　500円

☞ご神体の磐座より落ちてきたとされる霊石の力をいただけます

DATA 花窟神社
☀伊弉冊尊《いざなみのみこと》・軻遇突智尊《かぐつちのみこと》
不明
住 三重県熊野市有馬町上地130
交 JR紀勢本線熊野市駅から三交バス新宮駅前行きで4分、花の窟下車、徒歩3分
料 無料

ココだけの御朱印帳！

☞表紙は朱塗りの社殿とご神木。裏は10月16日の「熊野速玉大祭」を締めくくる神事・御船祭の光景が描かれています。各1700円

☞黒色をベースに、八咫烏や世界遺産の文字が入った御朱印帳。裏にはカラスを絵文字化した護符・熊野牛王宝印が。各2000円

☞ゴトビキ岩が御鎮座される旧宮の神倉神社の山麓までは、熊野速玉大社より徒歩約15分です　☞神倉神社までは、538段もの急勾配の石段を登って向かいます

熊野信仰発祥地の御朱印

右の字…熊野三山元宮／中央の字…神倉神社／右の印…熊野三山元宮　天磐盾／中央の印…神倉社／左の印…皇祖得天剱為

☞天磐盾とはご神体でもあるゴトビキ岩のこと。神倉神社の御朱印も熊野速玉大社の授与所でいただけます

DATA 熊野速玉大社
☀熊野速玉大神《くまのはやたまのおおかみ》・熊野夫須美大神《くまのふすみおおかみ》　など12柱
景行天皇58年(128)　熊野造《くまのづくり》
住 和歌山県新宮市新宮1
交 JR紀勢本線新宮駅から徒歩15分
料 無料

愛知

恋愛成就の日帰りドライブ

犬山縁結びの三名所を御朱印ハシゴ

縁結びのご利益で知られる3つの社寺の御朱印をいただく御朱印帳「恋の縁むすび」を片手に、御朱印めぐりの旅へ。御朱印帳は無料でいただけますので、御朱印が初めての人にもおすすめです。

織田信長の叔父・信康が築城したといわれる犬山城をシンボルに、城下には江戸時代の町割りが残り、観光客でにぎわう犬山。そんな歴史ある名所で女性に人気を集めているのが、御朱印帳「恋の縁むすび」です。全6ページの御朱印帳で、三光稲荷《さんこういなり》神社、寂光院《じゃっこういん》、大縣《おおあがた》神社の御朱印をいただくページと社寺の紹介が載っています。いずれも駅から距離があるので、車でめぐるのがおすすめです。

選べる2種類から！

御朱印帳の初穂料はありません

赤く連なる千本鳥居にピンクのハート絵馬…、映えスポットがいっぱい！

☝三光稲荷神社の境内社、姫亀神社（写真左手）が縁結びの神様。右は三狐地稲荷神社です

1 10:00 三光稲荷神社

●さんこういなりじんじゃ

もともと犬山城内にありましたが、遷座により現在の場所に鎮座。織田信康、そして犬山城主・成瀬家の守護神として崇敬されてきた歴史ある神社です。近年は縁結びで知られ、ハート絵馬と朱色の鳥居のコラボが話題のフォトスポットになっています。お金が倍になり返ってくるという銭洗い池、願いが叶うかを占うおもかる石など、余すことなくおまいりしましょう。

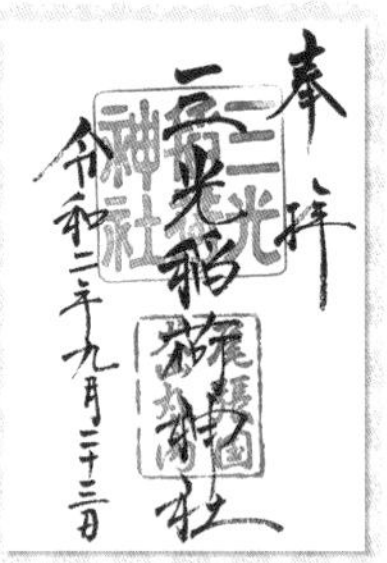

右の字……奉拝
中央の字……三光稲荷神社
中央の印……上・三光稲荷神社　下・尾張国犬山丸之内

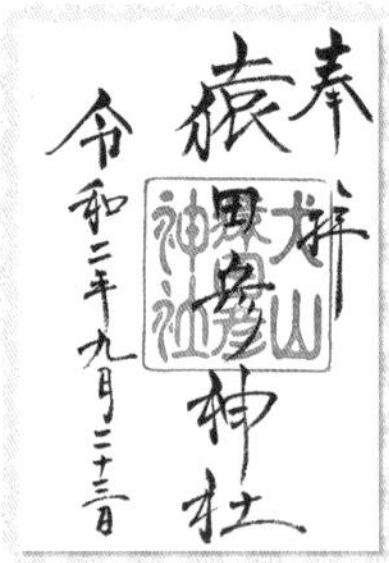

右の字……奉拝
中央の字……猿田彦神社
中央の印……犬山猿田彦神社

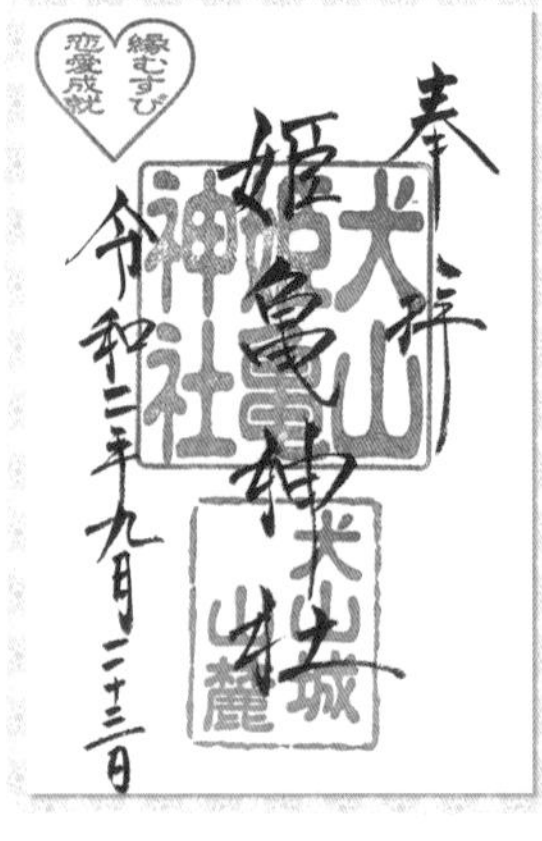

右の字……奉拝
中央の字……姫亀神社
中央の印……上・犬山姫亀神社　下・犬山城山麓
左の印……縁むすび恋愛成就

☞願い事を思いながら目を閉じて石を持ち上げ、軽く感じれば叶い、重く感じれば叶わないといわれるおもかる石

☝ハート絵馬は500円
☞赤い鳥居は人気の撮影ポイントです

名神高速道路小牧IC
←車で25分
❶三光稲荷神社
←車で8分
寂光院

犬山城の見学や城下町散策＆ランチも楽しんで♪

中央自動車道小牧東IC、東海北陸自動車道岐阜各務原ICからも同時間！

犬山城第１駐車場が便利です

ココだけの御朱印帳！

☞国宝・犬山城とその麓に鎮座する三光稲荷神社を、西陣織で織り上げた御朱印帳です。1000円

ご利益おもちかえり

縁むすびハート守700円

☞ハートの形とピンクがかわいい！よい出会い、恋愛成就を祈願

幸運の四つ葉お守り700円

☞名声、富、愛、健康の4つの願いをかけた、幸せを呼ぶお守り

☞境内社の猿田彦神社 ☞三光稲荷神社の本殿。天正14年（1586）開創とも伝わる歴史ある神社

別名、倍返し神社！

お金が倍になって返ってくる!?

☞場所は境内社の銭洗稲荷神社の銭洗い池。専用のザルを借りて、ろうそくを奉納し、ご神水でお金を洗います

DATA 三光稲荷神社

宇迦御魂大神《うかのみたまのおおかみ》
猿田彦大神《さるだひこおおかみ》
大宮女大神《おおみやのめのおおかみ》

不明

住 愛知県犬山市犬山北古券41-1
交 名鉄犬山線犬山遊園駅西口から徒歩12分
料 無料

御城印もいただきます！

犬山城《いぬやまじょう》

戦国期の城を彷彿とさせる日本最古の建築様式とされ、国宝に指定されています。攻めてきた敵に石を落とす「石落としの間」、城主の警護をする武士が隠れた「武者かくしの間」など、城内の見どころはたくさん。最上階の天守からは濃尾平野を一望できます。入場登閣料550円、御城印300円。

右の字…国宝／中央の字…犬山城／右の印…織田家家紋／中央の印…上・徳川家家紋　下・豊臣家家紋／左の印…上・成瀬家家紋　下・日本最古国宝犬山城

☞美濃和紙を使用した書き置きの御城印です

☞信長、秀吉、家康も犬山城をめぐって争いました

☞木曽川畔の小高い山の上にあり、眺望は抜群です

第5章 愛知 犬山縁結びの三名所を御朱印ハシゴ

② 寂光院
車で20分
③ 大縣神社
車で10分
名神高速道路小牧IC

梅林のシーズンがおすすめ！

2 13:30 寂光院
じゃっこういん

別名「尾張のもみじでら」とも呼ばれ、モミジの数は約1000本。霊山といわれる継鹿尾山《つがおさん》に、本堂、随求堂《ずいぐどう》、弁天堂、薬医門など、文化財に登録されている貴重な建物が点在しています。

縁結びの神様を祀る弁天堂の前にある「愛の錫杖《しゃくじょう》」を、恋愛・良縁成就を祈願しながら鳴らすとよいそうです。本堂までは石段をのぼり約15分、自然と霊気を感じつつ、のんびりとおまいりしましょう。

右の字……奉拝
中央の字…良縁弁財天
左の字……犬山もみじ寺寂光院
右の印……上・七福神特別霊場　下右・モミジ　下左・疫病退散
中央の印…ソ(梵字)弁財天
左の印……上・福　下・継鹿尾山寂光院

東海きっての紅葉の名所

☞モミジは巨木が多く、見ごたえたっぷり。見頃は11月中旬～12月上旬。まつり期間は抹茶の接待も受けられます

☞本堂まで続く320段の石段参道。足に自信のない人はスロープカーも利用できます ☞境内の展望台からは、寂光院を清洲城の鬼門と定めた信長も眺めた絶景が楽しめます

ココだけの御朱印帳！

☞「尾張のもみじでら」にふさわしく、モミジを織り込んだ御朱印帳。白、桃色、紺の3種、各1500円

ご利益おもちかえり

縁結守 500円

☞恋愛はもちろん、人生すべての出来事とのご縁を結んでくれます

千手観音身代り守 500円

☞元気のないときは、お守りを開け千手観音様にお願いしましょう

☞本堂の裏手にある弁天堂に縁結びの弁財天を祀っています。その前に愛の錫杖が

愛の錫杖の音をモミジの山寺に響かせましょう

右の字…奉拝／中央の字…千手大悲殿／左の字…犬山もみじ寺寂光院／右の印…上・尾張西国満願霊場　下右・もみじ　下左・疫病退散／中央の印…キリーク(梵字)千手観音　寂光院／左の印…上・モミジ　下・継鹿尾山之印

DATA 寂光院

真言宗
継鹿尾山《つがおさん》　千手観音《せんじゅかんのん》
白雉5年(654)　寄棟造《よせむねづくり》

住 愛知県犬山市継鹿尾杉ノ段12
交 名鉄犬山線犬山遊園駅東口から徒歩20分
料 無料

3
15:00

大縣神社

おおあがたじんじゃ

女性の強い味方！摂社の姫之宮に幸せをいただく

尾張開拓の祖神、大縣大神《おおあがたのおおかみ》を祀る尾張地方最古の神社。摂社の姫之宮《ひめのみや》に、子授け、安産、婦人病と女性の味方になってくれる神様を祀り、特に縁結びのご利益で知られています。本殿裏手には祈願紙を水に浮かべて良縁を祈る「むすひ池」が、本殿横には腹ばいになってくぐる開運招福のミニ鳥居も。いろんなおまいりの仕方が楽しく、四つ葉のクローバー絵馬もフォトジェニックで女性に人気です。

早く沈むかドキドキ…

☞ご神体である本宮山からの湧水を湛えたむすひ池。願い事を書いた祈願紙にお賽銭をのせて浮かべ、早く沈めば成就が近く、遅いと縁が遠いところにあるとも ☞玉比売命を祀る姫之宮。左側にはミニ鳥居があります

☞四つ葉のクローバー絵馬800円

☞紅白320本のしだれ梅でも有名。見頃は2月中旬～3月中旬

右の字……奉拝
右の印……尾張二宮
中央の印…上・社紋 下・大縣神社

☞本殿は尾張2代目藩主・徳川光友により、寛文元年（1661）に再興。尾張造の特殊な様式で、国の重要文化財に指定

ココだけの御朱印帳！

☞ブルーとピンクの2種類。境内に梅園があることから梅の花と社紋の九枚笹がモチーフ。1200円

ひと足のばして

時間があればプチ登山を

大縣神社の奥宮は、ご神体である標高293mの本宮山山頂に鎮座しています。この本宮山に尾張富士、白山を加えた3つの山は尾張三山と呼ばれ、いずれも頂に神社を抱く信仰の山。3つの祠をめぐる登山コースがありますが、全約12kmと行程はややハードです。まずは徒歩40分の本宮山までプチ登山してみては？

☞本宮山には「山の背比べ」の伝説が残っています

DATA 大縣神社
大縣大神《おおあがたのおおかみ》
垂仁天皇27年（紀元前3年）
尾張造《おわりづくり》
住 愛知県犬山市宮山3
交 名鉄小牧線楽田駅から徒歩20分
料 無料

愛知

岡崎市サイクルシェアで行く！

徳川家康公が生まれた岡崎でゆかりの社寺めぐり

岡崎には徳川家康公ゆかりの社寺がたくさんあります。窮地に立たされた家康公が再出発を誓った大樹寺をはじめ、6つの社寺をめぐれば家康公の生き様を肌で感じることができます！

天文11年（1542）、岡崎城で生まれ、この地を拠点に天下統一への足固めをした徳川家康公。市内に点在する松平・徳川家ゆかりの社寺をめぐるなら、観光の移動手段として便利な自転車のシェアリングサービス「岡崎市サイクルシェア」がおすすめです。自転車は電動アシスト付きなので楽チン。サイクルポートならどこでも借りて返すことができます。爽快と風を切って、レッツ・城下町サイクリング♪

1　9:00　大樹寺《だいじゅじ》

桶《おけ》狭間《はざま》の戦いで敗れ自害を試みた家康公が、ご住職の教えを受け、この地で再起を誓いました。松平家・徳川家の菩提寺で、松平8代の墓、歴代将軍の位牌、家康公73歳のときの木像などが祀られています。山門から総門を通して3km先の岡崎城を望む歴史的眺望（通称・ビスタライン）も有名です。

自害を思いとどまり家康公が再起を誓ったターニングポイントの地

☞寛永18年（1641）、3代将軍家光公が建立した山門。本堂を背に振り返ると、直線上に岡崎城が望めます

足利末期の多宝塔も必見♪

☞本堂。家康公がご住職からいただいた「厭離穢土欣求浄土」の言葉が、ご本尊の両脇に掲げられます

ココにも注目！

☞宝物を拝観するのがおすすめ。家康公をはじめ徳川歴代将軍等身大の位牌や家康公の木造など、文化財がずらり

ご利益おもちかえり

諸願成就御守　各500円

☞大樹寺の定番のお守り。サイズが大小あり、付ける場所によって選べます

開運厄除　500円〜

☞なかに祈願したお守りを納めた印籠型タイプ。大小のサイズがあります

右の字…奉拝／中央の字…右・厭離穢土　左・欣求浄土／左の字…三河大樹寺／右の印…三河西國第三番／中央の印…上・三つ葉葵　下・仏法僧宝（三宝印）／左の印…大樹寺印

ココだけの御朱印帳！

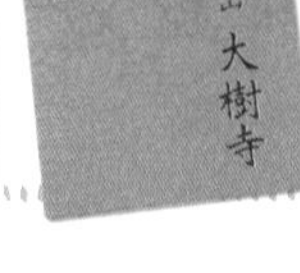

☞金色に輝く徳川家の家紋、三つ葉葵がカッコいい。ブルー、グレー、ベージュの3種、各1200円

DATA　大樹寺

浄土宗

成道山《じょうどうさん》　阿弥陀如来《あみだにょらい》

文明7年（1475）　入母屋造《いりもやづくり》

住　愛知県岡崎市鴨田町字広元5-1

交　名鉄名古屋本線東岡崎駅から名鉄バス大樹寺行きで15分、大樹寺下車、徒歩10分

料　無料（宝物拝観は400円）

岡崎公園前駅
徒歩2分
岡崎オーワホテル
自転車20分
① 大樹寺
自転車7分
② 伊賀八幡宮
自転車5分
松應寺

「ハローサイクリング」をweb検索して登録すれば、その場で借りられます！※クレジットカードまたはキャリア決裁の情報登録が必要

2 10:15 伊賀八幡宮●いがはちまんぐう

徳川家の祖・松平4代親忠《ちかただ》公が創建。家康公も常に戦勝祈願をし、松平家と徳川家の武運長久・子孫繁栄の守護神とされています。現在の社殿は3代家光公の命により増築されたもので、本殿、随神門などほとんどが国の重要文化財に指定。岡崎春の風物詩である「家康行列」はここから出発します。

家光公が造営した拝殿の奥に、家康公が造った本殿があります

本殿、幣殿、拝殿、参道が南北を直線で貫いて配置されています

家康公も必勝祈願した徳川家の守護神！蓮の名所でもあります

ココにも注目！

随神門の前に家光公が作ったと伝わる蓮池が。見頃は7月上旬～中旬。昼には花を閉じますので午前中に

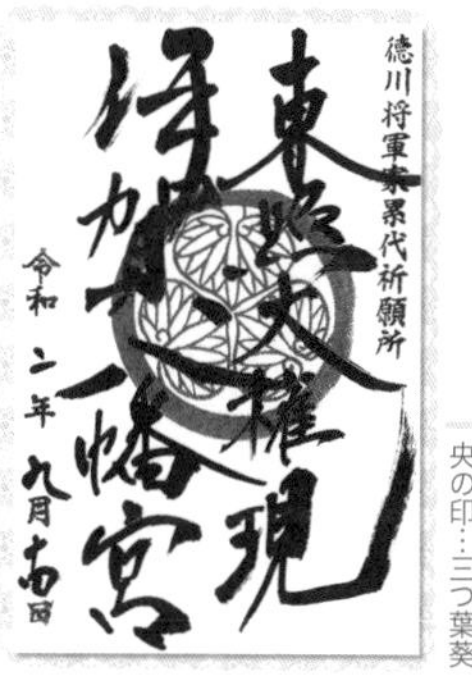

東照大権現とは徳川家康公が朝廷から賜った神号です

右の字…徳川将軍家累代祈願所／中央の字…右・東照大権現　左・伊賀八幡宮／中央の印…三つ葉葵

ご利益おもちかえり

勝守 各1500円

戦さの度に戦勝祈願した家康公にあやかり、勝運出世のご利益が

勝守 1500円

拝殿や随神門の極彩色の彫刻を彷彿させる勝守。裏は三つ葉葵紋

家康公は鷹狩りが大好き！

ココだけの御朱印帳！

南北ラインにある伊賀八幡宮の真上に北極星が現れます。1200円。拝殿の鷹の障壁画を描いた御朱印帳2200円もカッコいい！

DATA 伊賀八幡宮
☀ 応神天皇《おうじんてんのう》・仲哀天皇《ちゅうあいてんのう》・神功皇后《じんぐうこうごう》・徳川家康公《とくがわいえやすこう》
文明2年(1470)　権現造《ごんげんづくり》
住 愛知県岡崎市伊賀町東郷中86
交 名鉄名古屋本線東岡崎駅から名鉄バス奥殿陣屋行きほかで9分、八幡社前下車、徒歩3分
料 無料

サイクルポートは東岡崎駅の北口側にあります

③松應寺 ← 自転車10分 ← ④龍城神社 ← 自転車5分 ← ⑤菅生神社 ← 自転車7分 ← ⑥六所神社 ← 自転車4分 ← 東岡崎駅サイクルポート ← 徒歩すぐ ← 東岡崎駅

岡崎公園内は大手門付近の駐輪場にとめて歩きましょう！

家康公生誕の朝、金の龍が現れた伝説に彩られる神社

☝岡崎城本丸に御鎮座される開運の神様です ☝拝殿の天井には三河仏壇の職人による、立派な木彫りの昇龍が。龍の下で柏手を打つと、龍の鳴き声が聞けるそうです

4 12:00 龍城神社

●たつきじんじゃ

龍が宿る城として「龍《たつ》ケ《が》城《じょう》」とも呼ばれた岡崎城。家康公生誕の朝も、龍神を祀る城楼上に金の龍が現れて昇天したと伝わります。龍城神社は明和7年（1770）に城内から岡崎城の隣に移転。家康公とともに、徳川家臣団随一の猛将で、四天王のひとり本多忠勝公が合わせて祀られました。

☝龍神が現れた際、水が噴出し龍神に注いだという井戸「龍の井」

開運守 800円

☝家康公にあやかり、開運、出世、心願成就のご利益あります

ご利益おもちかえり

こども守 800円

☝龍にまたがる竹千代君（家康公の幼名）がかわいい子どものお守りです

☝12月26日前後は家康公生誕記念、11月28日前後には泰平の祈りの限定御朱印も

右の字…岡崎東照宮／中央の字…龍城神社／右の印…三つ葉葵／中央の印…龍城神社

ココだけの御朱印帳！

☝岡崎城の城楼上を金の龍が昇天する伝説をモチーフに。御朱印付きで2200円です

DATA 龍城神社

徳川家康公・本多忠勝公《とくがわいえやすこう・ほんだただかつこう》

不明　権現造《ごんげんづくり》

住 愛知県岡崎市康生町561

交 名鉄名古屋本線東岡崎駅北口から徒歩15分

料 無料

非業の死を遂げた父・松平広忠公のために家康公が建立したお寺

3 11:00 松應寺

●しょうおうじ

☝御朱印対応日はSNSで確認を

家臣に暗殺された父の供養のために、埋葬地である月光庵《がっこうあん》に建立。家康公をはじめ、秀忠公、家光公など歴代将軍も参詣、大いに栄えました。近年、昭和中頃まで花街としてにぎわった境内の空き家を再生した街づくりが推進され、昭和レトロを楽しめる場所としても人気です。

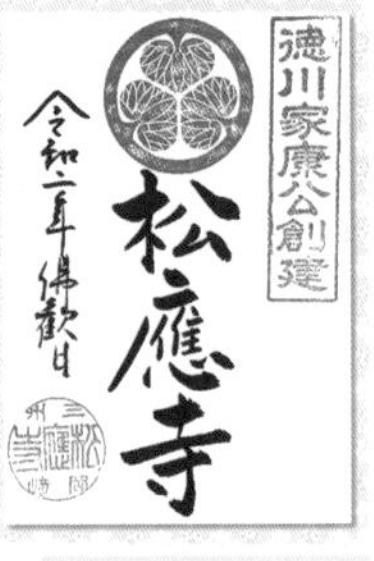

右の字…家康公御遺訓／中央の字…不自由を常とおもへば不足なし／中央の印…三つ葉葵／左の印…能見山瑞雲院松應寺

中央の字…松應寺／右の印…徳川家康公創建／中央の印…三つ葉葵／左の印…三州松應寺岡崎

☝広忠公御廟所。武将の墓としては国内最大級を誇ります

DATA 松應寺

浄土宗　能見山《のうけんざん》

阿弥陀如来《あみだにょらい》　永禄3年（1560）

住 愛知県岡崎市松本町42

交 名鉄名古屋本線東岡崎駅から名鉄バス康生町経由大樹寺行きで7分、能見町下車、徒歩3分

料 無料

昭和にタイムトリップ

5
14:00

菅生神社

●すごうじんじゃ

日本武尊《やまとたけるのみこと》により創建されたと伝わる岡崎市内最古の神社。家康公が25歳のときに厄除開運祈願をし、歴代岡崎城主の祈願所として崇敬されてきました。ご神職による感性豊かな御朱印は祭事や由緒の御朱印、月替わり、朔日参りの御朱印など種類豊富で、美しさに目を見張ります。

25歳の家康公が厄除開運を祈願し社殿を造営しました

岡崎公園の隣に御鎮座

毎月1日と土・日曜には手水に季節の花を浮かべます

右の字…右・岡崎城内鎮守乃守護神　左・城主代々乃祈願所／中央の字…右・菅生神社　左・家康公二十五歳厄年　永禄九年丙虎　春二月十二日　御厄除開運祈願／中央の印…上・三つ葉葵　下・菅生神社参拝／左の印…上・満月、雲　中・鳥居　下右・家康公像　下左・菅生神社

家康公が開運厄除をされた日にちなんだ2月限定御朱印

右の字…厄除開運／中央の字…菅生神社／右の印…家康公像／中央の印…上・三つ葉葵　下・菅生神社参拝／周辺の印…桜

ご利益おもちかえり

勝運守
各800円

運気の向上を祈った、家康公ご神徳のお守りです

健康守
各800円

75歳と長寿の家康公にあやかり健康祈願したお守り

ココだけの御朱印帳！

家康公が月に照らされ黄金のシルエットに輝きます。高級和紙、西陣織。3000円

DATA 菅生神社

天照皇大神《あまてらすすめおおかみ》・豊受姫命《とようけひめのみこと》・須佐之男命《すさのおのみこと》・菅原道真公《すがわらみちざねこう》・徳川家康公《とくがわいえやすこう》

景行天皇40年(110)

流造《ながれづくり》

住 愛知県岡崎市康生町630-1

交 名鉄名古屋本線東岡崎駅北口から徒歩10分

料 無料

6
15:00

六所神社

●ろくしょじんじゃ

安産の神様として信仰される松平家の産土神

岡崎に進出した松平氏により信仰。家康公の産土神として礼拝があり、3代家光公により現在の社殿が造られました。本殿、幣殿、拝殿、楼門、神供所は江戸時代のもので、国の重文に指定。楼門と拝殿、本殿の華麗な彫刻や彩色は、日光東照宮と同手法で修復され、当時の美しさを取り戻しています。

5万石以上の大名だけが、石段を上ることが許されました

本殿と拝殿は寛永11年(1634)に建てられました。戌の日は安産祈祷に訪れる人でにぎわいます

右の字……奉拝
中央の字……六所神社
右の印……神紋(三つ葉葵)
中央の印…参州　六所神社
岡崎

神紋に三つ葉葵が使われているのは、松平家が代々崇敬した証です

ご利益おもちかえり

祈祷
5000円～

安産祈願を受けると、安産御守、安産戌守、腹帯、絵馬をいただけます。無事に出産を終えたら、絵馬はお礼に奉納しましょう

ココだけの御朱印帳！

かわいらしい毬のデザインと、ピンクの色合いが女性に人気。御朱印付きで1500円

家康公の手形もチェック！

DATA 六所神社

塩土老翁命《しおつちのおじのおきなのみこと》

斎明天皇時代(655～661)

権現造《ごんげんづくり》

住 愛知県岡崎市明大寺町耳取44

交 名鉄名古屋本線東岡崎駅南口から徒歩3分

料 無料

岐阜

最終金曜は金の御朱印もいただけます！

岐阜親子三社参りで満願成就！

ご祭神が夫婦・親子の関係にあたる、伊奈波神社、金神社、櫺森神社の「岐阜三社参り」へ出発です。江戸時代から人びとの間で受け継がれ、三社をめぐると満願成就するといわれています。織田信長とのゆかりも深く、歴史も学べます。

織田信長が天下統一の拠点とし、江戸時代には城下町として栄えた岐阜。そんな岐阜の護り神、五十瓊敷入彦《いにしきいりひこの》命《みこと》を祀るのが伊奈波神社です。五十瓊敷入彦命の妻、淳熨斗姫命《ぬのしひめのみこと》を主祭神とする金神社、そして櫺森神社は両社主祭神の子・市隼雄命《いちはやおのみこと》を祀っています。いずれでも御朱印がいただけ、毎月最終金曜にはプレミアムな金の御朱印も登場。三社を父母子参拝順の習わしに従いめぐりましょう。

岐阜随一の格式ある古社　まずは三社の父親にお参りしましょう

1　11:00　伊奈波神社　●いなばじんじゃ

1900年以上前に稲葉山（金華山）に創建されたといわれ、ご祭神の五十瓊《いにし》敷入彦命《きいりひこのみこと》は、広く池溝を開拓し農耕社会の礎を築いたことから岐阜の護り神、諸願成就の神として古より崇められてきました。天文8年（1539）斎藤道《さいとうどう》三《さん》が稲葉山城《いなばやまじょう》を築城する際、現在地に遷座され、永禄10年（1567）に織田信長が衰微していた祀典を復興。美濃国三宮のひとつで、壮大な楼門、神門、拝殿や本殿などが立つ境内は、凛として厳かな雰囲気に包まれています。

家内安全、商売繁盛、交通安全、安産などのご利益がいただけます　二の鳥居の向こうに立派な楼門が。楼門から振り返ると岐阜の街が眺められます

ココにも注目！　神門の狛犬の下には逆立ちをしている逆さ狛犬が。なでると金運、勝運がアップするとも

ココだけの御朱印帳！

二の鳥居から望む伊奈波神社の御朱印1500円。伊奈波神社の山車を描いた御朱印2000円

ご利益おもちかえり

黒龍福成る守1500円　カチカチと鳴らしながら祈願すると願いが叶うといわれています

明日を照らす御守1000円　未来に希望の光を。かつて神域ではホタルが飛び交っていたとか

岐阜駅北口広場に立つ黄金の信長像にも会いましょう♪

岐阜駅
←岐阜バスで10分
伊奈波通りバス停
←徒歩7分
① 伊奈波神社
←徒歩7分
伊奈波通りバス停
←岐阜バスで5分
徹明町バス停
←徒歩5分
金神社

11・12・13番乗り場から乗車

金神社まで徒歩25分なので歩いても！

☞稲荷神社や大黒社など、たくさんの摂社・末社があります

目や口を書き入れる顔絵馬もかわいい！

黒龍神社はパワースポット

☞境内社の黒龍神社は伊奈波神社の遷座前からこの地に祀られ、強力なご利益があると全国から参拝が。鳥居の右手に龍の頭に似た龍頭石が祀られています

右の字……奉拝
中央の字…黒龍神社
右の印……黒龍神社の神紋
中央の印…黒龍神社

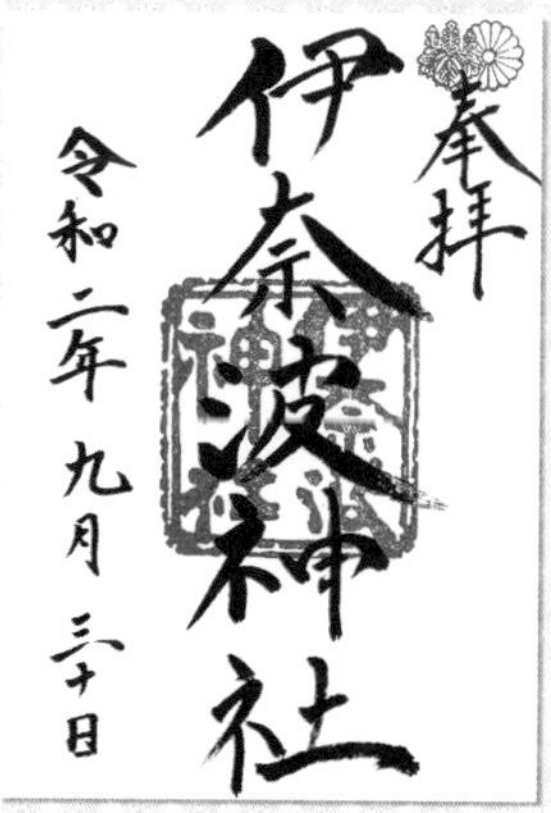

右の字……奉拝
中央の字…伊奈波神社
右の印……神紋
中央の印…伊奈波神社

☞親子三社めぐりの最初にいただきたいのが、伊奈波神社の御朱印

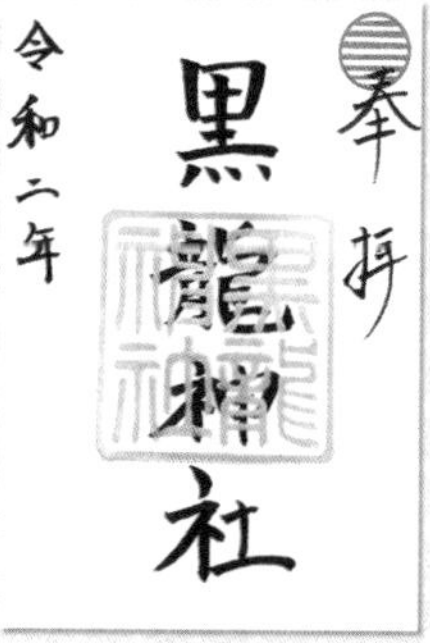

右の字……奉拝
中央の字…黒龍神社
右の印……黒龍神社の神紋
中央の印…黒龍神社

☞最終金曜のプレミアムフライデー御朱印は中央の印が金色に。伊奈波神社の御朱印も

☞善光寺の右手に立つ一の鳥居をくぐると、まっすぐに拝殿まで神の道が続いています

御城印もいただきます！

岐《ぎ》阜《ふ》城《じょう》

標高329mの金華山山頂にあり、難攻不落といわれた斎藤道三の居城でしたが、織田信長が攻略。天下布武への足がかりとしました。現在の城は昭和31年(1956)に再建されたもの。入城料200円。岐阜城の御城印は金華山ロープウェー山麓駅売店で販売。御城印300円。

☞3層4階建ての天守からの眺めは絶景！

右の字…登城記念／中央の字…岐阜城／中央の印…上・織田家家紋　中・天下布武印　下・永楽通宝印

☞毎月最終金曜には金の御城印も登場します

DATA 伊奈波神社

五十瓊敷入彦命《いにしきいりひこのみこと》

景行天皇14年(80年頃)　入母屋造《いりもやづくり》

住 岐阜県岐阜市伊奈波通り1-1

交 JR東海道本線岐阜駅から岐阜バス長良川温泉方面行きで10分、伊奈波通り下車、徒歩7分

料 無料

③ 金神社
徒歩10分
④ 橿森神社
徒歩3分
柳ケ瀬バス停
岐阜バスで7分
岐阜駅

周辺には飲食店が多く、ランチにピッタリ♪

☞岐阜市中心街に御鎮座。現在の社殿は昭和63年(1988)に再建されたものです
☞高さ8mの金色の鳥居がシンボル。地元では「こがねさん」と呼び親しまれ、周辺は市営公園として整備されています

金色《こがねいろ》に輝く鳥居が印象的！
慈悲深くたくましい母親に
金運、出世を祈願しましょう

2
13:00
金神社
●こがねじんじゃ

主 祭神の渟熨斗姫《ぬのしひめの》命《みこと》は、伊奈波《いなば》神社の五十瓊敷入彦命《いにしきいりひこのみこと》の妃です。母のように地域住民を労り、私財をはたいて町を開拓。その功績から財宝・金運

招福、商売繁盛、また慈悲深い母なる神として信仰を集めています。金色に輝く鳥居はもちろん、毎月最終金曜限定の金色の御朱印やお守りなども話題です。

☞願い事を思い浮かべて石を持ち上げ、軽く感じたら願いが叶い、重ければ難しいという「おもかる石」
☞境内社に金祥稲荷神社、金高椅神社なども

ココだけの御朱印帳！

☞もちろん、御朱印帳もゴールド＆ゴージャス！御朱印込みで3000円

幸せを運んでくれるクローバー絵馬も輝いています！

ご利益おもちかえり

金守
1000円

☞金運、勝運、開運招福に。巾着型と袋型の2種類があります

こがね守
各1000円

☞毎月最終金曜の限定品。願い事を書いた願い札を潜ませて身につけます

右の字……奉拝
中央の字…岐阜 金神社
右上の印…神紋(五七の桐)
中央の印…金神社印

☞毎月最終金曜は、通常墨書きの「金神社」の文字が金色になります

右の字……奉拝
中央の字…岐阜 金神社
右上の印…神紋(五七の桐)
中央の印…金神社印

DATA 金神社
淳熨斗姫命《ぬのしひめのみこと》
伝成務天皇5年(135)
住 岐阜県岐阜市金町5-3
交 JR東海道本線岐阜駅から徒歩10分
料 無料

3
14:30

橿森神社

●かしもりじんじゃ

粕《かし》森《もり》公園の一角、第十二代景行《けいこう》天皇の御代に創建されたと伝わる古社。伊奈波《いなば》神社、金《こがね》神社の両ご祭神を父母に、その子にあたる市隼雄命《いちはやおのみこと》を祀っています。「こどもの神様」として知られ、夫婦円満、子どもの守り神として古来より信仰を集めています。境内には岐阜信長神社があり、その傍らには「御《み》薗《その》の榎《えのき》」が。織田信長公が行った楽市楽座が、この木の下で開かれたといわれています。

「こどもの神様」で夫婦円満、子もスクスク信長公ゆかりの神社も！

☞境内には稲荷社、秋葉社、琴平社の3末社も

粕森公園の一角、境内西側に鎮座する朱色の一の鳥居が目印です

素朴な橿森神社本殿

神が乗った馬の蹄の跡が残る駒爪石

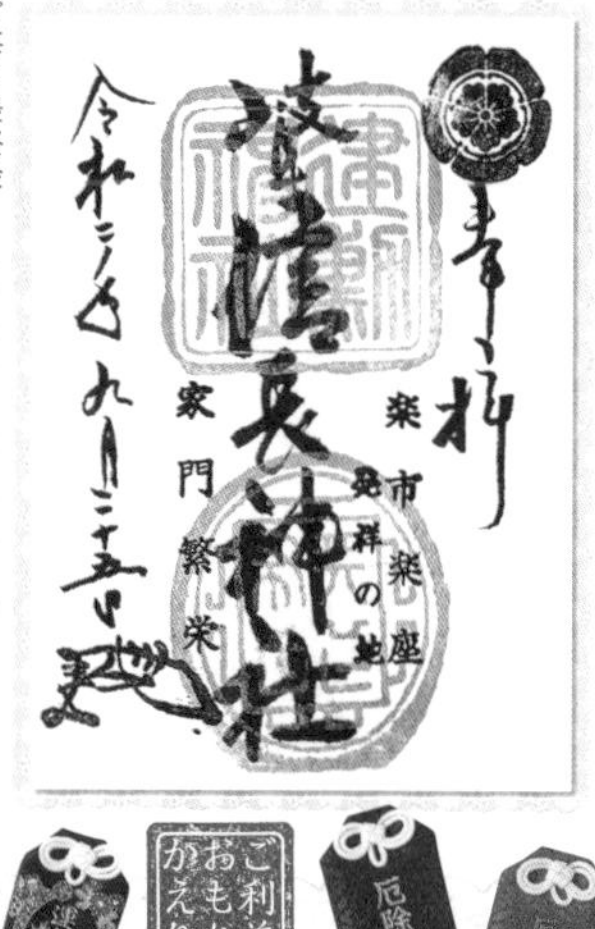

右の字…奉拝／中央の字…岐阜信長神社／右の印…上・織田家家紋(五葉木瓜) 下・楽市楽座発祥の地／中央の印…上・建勲神社 下・天下布武／左の印…右・家門繁栄 左・織田信長公の花押

☞毎月最終金曜限定、岐阜信長神社の金の御朱印です。本殿内で授与

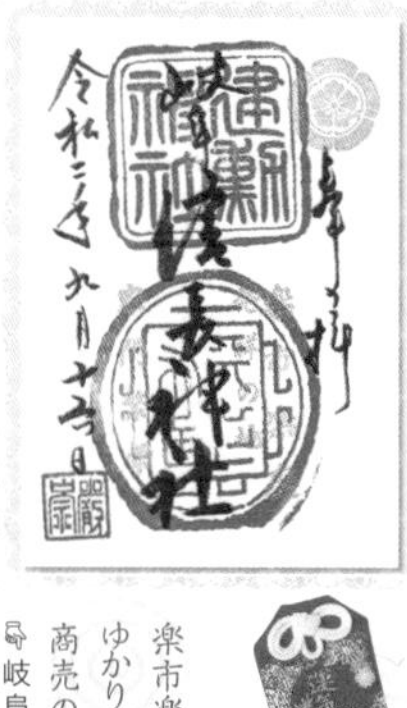

右の字…奉拝／中央の字…岐阜信長神社／右の印…上・織田家家紋(五葉木瓜) 下・楽市楽座発祥の地／中央の印…上・建勲神社 下・天下布武／左の印…右・家門繁栄 左・崇厳

☞岐阜信長神社の通常版御朱印。本殿向かって右手にある社務所で授与

右の字…奉拝／中央の字…右・家庭円満こどもの神 左・橿森神社／右の印…五七桐印／中央の印…橿森神社之印

☞橿森神社の御朱印。こちらも本殿右手にある社務所で授与されます

楽市楽座にゆかりのある商売の神様

岐阜信長神社は、信長公を祀る京都建勲神社よりご分霊を勧請

ご利益おもちかえり

厄除御守 各500円

☞橿森神社のベーシックな厄除お守り。社務所でいただくことができます

運気上昇御守 各500円

☞運気上昇御守は、赤と黒の2種類があります。社務所にて授与されます

DATA 橿森神社
市隼雄命《いちはやおのみこと》
第12代景行天皇の御代
住 岐阜県岐阜市若宮町1-8
交 JR東海道本線岐阜駅から徒歩20分
料 無料

静岡・山梨

富士山信仰の地をめぐる 爽快な富士山麓世界遺産ドライブ

富士山が世界文化遺産に選ばれたのは、人々の信仰の対象であり、芸術の源泉であったから。紀元前から脈々と続く富士山信仰、その祈りの場である浅間神社を、ドライブでめぐりましょう。

富士山が世界文化遺産に登録されたのは平成25年のこと。その選定根拠のひとつに、富士山をご神体として祀る富士山信仰があります。現在でも富士山麓には富士山を神格化した神様である浅間大神を祀る浅間神社が多数点在しています。富士山は今なお人々の崇敬を集め、信仰の対象となっているのです。富士の雄姿を眺め、古より続く浅間神社をめぐるドライブで、偉大な山のパワーを感じてみましょう。

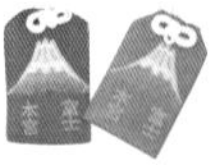

富士山をご神体と仰ぐ全国1300社の浅間神社の総本宮

桜と富士山のコラボレーション

1 10:00 富士山本宮浅間大社《ふじさんほんぐうせんげんたいしゃ》

富士山をご神体として祀る浅間神社の起源であり、全国1300余の浅間神社の総本宮です。創建は紀元前にまで遡り、以来、富士山信仰の中心として人々の崇敬を集めてきました。境内にはご祭神と縁の深い桜の木が500本以上あり、春には富士山とともに美しい景観を楽しませてくれます。

霊峰・富士山からの命の恵み

☞境内にある「湧玉池」は特別天然記念物に指定されています

☞地下を通った富士山の雪解け水が毎秒3.6㎘も湧き出します

中央の字…富士山本宮
右の印……駿河国一之宮
中央の印…浅間大社

☞本殿は徳川家康による造営で、浅間造という様式です

5月には流鏑馬があるよ

ご利益おもちかえり

招福カード守 1000円

☞招福祈願のお守り。お財布に入れて持ち運びやすいカード型です

ココだけの御朱印帳！

☞富士山と浅間造の本殿、そして境内を染める桜が描かれています。1500円

DATA 富士山本宮浅間大社

木花之佐久夜毘売命《このはなのさくやひめのみこと》（浅間大神）・瓊々杵尊《ににぎのみこと》・大山祇神《おおやまづみのかみ》

垂仁天皇3年（紀元前27年）

浅間造

住 静岡県富士宮市宮町1-1

交 JR身延線富士宮駅から徒歩10分

料 無料

ドライブでめぐる4社の浅間神社は、すべて世界遺産の構成資産！

新東名高速道路 新富士IC
←車で30分
① 富士山本宮浅間大社
←車で20分
② 山宮浅間神社
←車で1時間
北口本宮冨士浅間神社

名物の富士宮やきそばをぜひ。市内には100軒以上の専門店があります

道中、白糸の滝や朝霧高原など見どころ多数

2 11:30 山宮浅間神社

●やまみやせんげんじんじゃ

木々の合間に霊峰を望む富士山を祀る浅間神社

富士山本宮浅間大社の前身で、富士浅間大神が奉斎された場所。本殿がなく、木々の間に見える富士山を直接お祀りするという、富士山信仰の原初形態を残す神社です。

御朱印の授与は土・日曜、祝日の10～15時に開館の案内所にて。事前連絡（☎0544・58・5190）がベターです。

ココにも注目！
☞境内最奥にある遥拝所。ここから見える富士山にお祈りします

☞境内の建物は籠屋と呼ばれ、祭りのときなどに宮司が籠った場所

ココだけの御朱印帳！

☞富士山で育った富士ひのきを使った木製の御朱印帳。2700円

右の字……奉拝
中央の字…山宮浅間神社
右の印……富士山元宮
中央の印…浅間神社

ご利益おもちかえり

お守り300円

☞お守りはオーソドックスなこの1種。授与は駐車場横の案内所にて

DATA 山宮浅間神社
木花之佐久夜毘売命《このはなのさくやひめのみこと》
不詳 なし
住 静岡県富士宮市山宮740
交 JR身延線富士宮駅から車で15分
料 無料

富士山に登ることで祈りとする富士講ゆかりの神社

③ 北口本宮冨士浅間神社
↑ 車で20分
④ 河口浅間神社
↑ 車で15分
中央自動車道 河口湖IC

IC近くには富士山ビューで人気の新倉浅間公園があります

河口湖にかかる河口湖大橋を越えて向かいます

少し足をのばせば清冽な水が湧き出す景勝・忍野八海も

3
13:00

北口本宮冨士浅間神社

●きたぐちほんぐう ふじせんげんじんじゃ

古代より富士山の遥拝地として信仰され、1900年の歴史がある神社。境内には富士山吉田口登山道の起点があり、江戸時代に広まった富士講とも縁が深い。社殿をはじめとした建造物群も、富士講の指導者の寄進により造営されたものです。御朱印は境内社である「諏訪神社」と「大塚丘」のものもあります。

本殿に加え、幣殿・拝殿も新たに国の重要文化財に指定されました

緑の参道がここちいい!

手水舎の水は、富士の裾野に湧く泉瑞という霊水をひいたものです

おまいり前は霊水でお清め

右の字……参拝
中央の字……北口本宮
中央の印…上・北口本宮
下・富士浅間神社

中央の字…大塚丘
右の印…北口本宮発祥
中央の印…大塚丘社

中央の字…諏訪
右の印……日本三奇祭
吉田の火祭り
八月二十六、二十七日
中央の印…諏訪神社

ココだけの御朱印帳!

華やかな桜の柄。古くより続くこの地の産業である郡内織物製。2000円

大きな花柄がかわいい!

ご利益おもちかえり

安産守 500円

とくに女性へのご利益で名高い神社。安産、子宝のお守りも人気です

美のお守り 800円

ご祭神が美しい女神様であることから、美のご利益でも有名です

DATA 北口本宮冨士浅間神社
木花開耶姫命《このはなのさくやひめのみこと》・
彦火瓊瓊杵命《ひこほのににぎのみこと》・
大山祇神《おおやまづみのかみ》
景行天皇40年(110)
一間社入母屋造《いちげんしゃいりもやづくり》
住 山梨県富士吉田市上吉田5558
交 富士急行富士山駅から徒歩20分
料 無料

4
15:00

河口浅間神社

かわぐちあさまじんじゃ

貞観6年（864）にはじまった富士山の噴火を鎮めるため、翌年に浅間大神を奉斎したことが起源。境内にある七本杉は、いずれも樹齢1200年を越えるスギの木で、これほどの古木が集まる眺めは全国的にもめずらしいとか。圧倒されるような木々の存在感は必見です。

見上げるほどの杉の大木が連なる静謐な境内

現在の本殿は慶長12年（1607）に当地の領主・鳥居成次により再建されました

河口湖越しに望む富士山の雄姿。駐車場の近辺がビュースポットです

右の字……奉拝
中央の字……浅間神社
中央の印……上・甲斐河口
下・延喜式内名神大社　浅間神社之印

巨大なスギの木々と重厚な大鳥居が目印。参道には喫茶店もあります

富士山もくっきり

境内のパワースポット

ココだけの御朱印帳！

七本杉の木目をイメージした柄に稚児舞の稚児が描かれています。1500円

良縁お守り
500円

ご祭神の女神様に良縁を祈願するお守り。幸運の四つ葉がモチーフでカード型

ご利益おもちかえり

木花之佐久夜毘売命の護符
1000円

浅間大神と同一視されるご祭神の護符。縁結びや心願成就のご利益もあります

DATA 河口浅間神社

木花之佐久夜毘売命《このはなのさくやひめのみこと》（浅間大神）

貞観7年（865）　一間社流造

住 山梨県南都留郡富士河口湖町河口1
交 富士急行河口湖駅から富士急山梨バス甲府方面行きで15分、河口郵便局下車、徒歩3分
料 無料

ひと足のばして

富士山麓の2大ご当地麺

富士山ドライブに出かけたら、ぜひ味わいたい地元グルメ。おすすめは「富士宮やきそば」と「吉田うどん」の2大ご当地麺です。「富士宮やきそば」は、もちもち麺と肉カスの旨み、イワシの削り節の風味が特徴。ご当地グルメコンテストで優勝したこともあり、知名度も抜群です。一方「吉田うどん」は、コシの強い極太の麺がインパクト抜群。古くから富士吉田市で親しまれてきた郷土料理で、市内に60軒以上の専門店があります。

一度食べたらもうヤミツキ

静岡

熱海の魅力は温泉だけじゃない！ 湯の町・熱海でぶらり御朱印集め

全国的にも有名な温泉地の熱海。開湯の歴史は奈良時代に遡る古湯らしく、街なかには多くの神社仏閣が残っています。立ち寄り利用できる温泉施設も多いので、御朱印＋温泉の旅を楽しんでみては？

新幹線を使えば、東京からわずか45分というアクセスの良さで、首都圏の奥座敷として賑わう熱海温泉。江戸時代には徳川家康が湯治をし、明治以降は多くの文人墨客が訪れて、数々の作品の舞台にもなりました。そんな歴史ある湯の町は、レトロな町並みが今も残っていて、ブラブラと散歩するのに気持ちのいい場所です。できれば1泊して温泉もじっくり楽しめば、御朱印集めの旅がぐっと充実しますよ。

大楠をのんびり眺められる五色の杜は23時までライトアップされます

1 10:00 主 來宮神社●きのみやじんじゃ

祭神の大巳貴命《おおなもちのみこと》は、俗に大黒様として知られています。商売繁盛・良縁招福・身体強健のご利益を授けてくれる神様です。加えて祀られている日本武尊《やまとたけるのみこと》は武勇と決断の神様。さらに、樹木と自然保護の神様である五十猛命《いたけるのみこと》が、樹齢２１００年を超えると推察される御神木の楠に祀られています。自然と手を合わせてしまうほど神々しい幹の周りを1周すれば、健康長寿、心願成就のご利益あり！

樹齢２１００年超の大楠があらゆる願いを聞き入れる伊豆屈指のパワースポット

豊かな自然に抱かれ、朱塗りに銅葺き屋根の本殿が立っています

神域に入ったことを実感できる清々しい参道

御神木は高さ約26m、周囲23・9mで本州1位の巨樹

ご利益おもちかえり

酒難除御守り 各８００円

祭神は酒断ちの神としても有名。飲酒による災難からあなたを守ってくれます

虫除御守り ８００円

凶蟲を退けるという楠の葉にあやかり、浮気虫や賭博虫を退けてくれるお守り

境内にはお洒落なカフェがあります。神様にお供えする食材を使った来福スイーツを用意。麦こがしシフォン６６０円、静岡みかんジュース４４０円

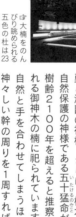

来宮駅 →（徒歩3分）→ ❶ 來宮神社 →（徒歩5分）→ ❷ 湯前神社 →（徒歩15分）→ 熱海駅

熱海の歴史を支えた源泉の一つを今も守り続ける

うっかりすると通り過ぎてしまいそうな小さな神社だが、創建の歴史は古い

2 11:00 湯前神社

ゆぜんじんじゃ

かつては熱海を代表する源泉だった大湯のすぐ近くに鎮座することから、その名がついたといわれています。天平勝宝元年（749）に「諸病を治癒するありがたい温泉なので、少彦名神《すくなひこなのかみ》を祀って大切にせよ」との信託が下ったというのが、創建のいわれとされています。無人社なので、御朱印は來宮神社でいただけます。

石灯籠は宝暦8年（1758）、久留米藩主が熱海を訪れた際に寄進したもの

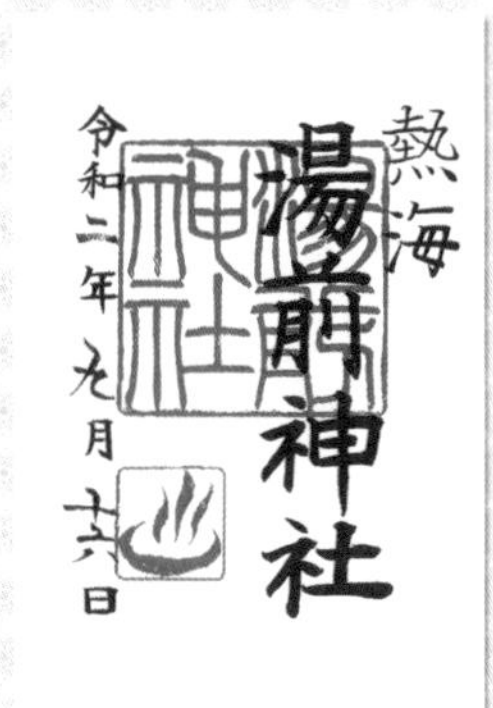

右の字…熱海／中央の字…湯前神社／中央の印…上・湯前神社 下・温泉マーク

DATA 湯前神社
少彦名神《すくなひこなのかみ》
天平勝宝元年(749)　入母屋造
住 静岡県熱海市上宿町4-12
交 JR東海道本線来宮駅から徒歩10分
料 無料

ココだけの御朱印帳！

2020年1月に領布されたばかりの木製の御朱印帳。2500円（御朱印込）

御神木の楠をデザインした御朱印帳は緑と黄の2色展開。1800円（御朱印込）

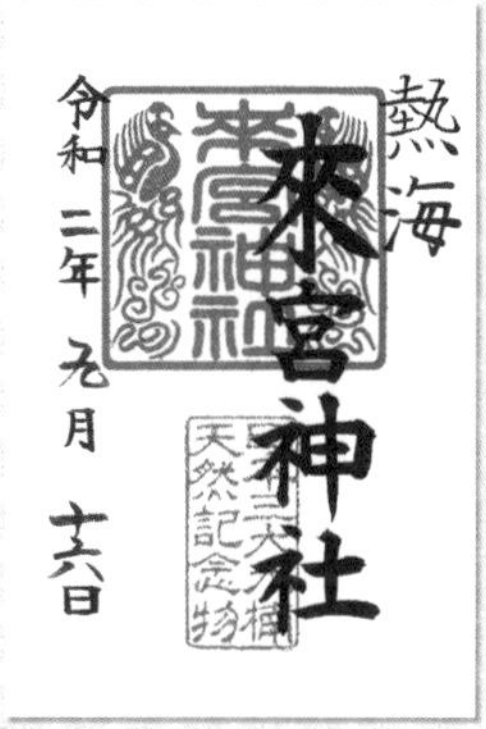

右の字……熱海
中央の字…來宮神社
中央の印…上・來宮神社
下・日本三大大楠天然記念物

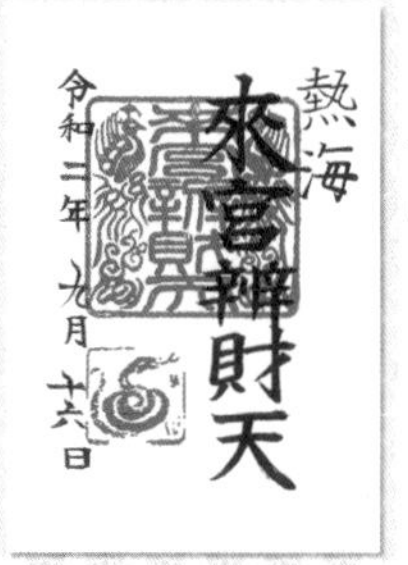

右の字……熱海
中央の字…來宮辨財天
中央の印…上・來宮辨財天
下・蛇

境内には芸能上達、立身出世の神様である辨財天の社もあります。安置されている来宮弁財天像は、幕末から明治にかけて活躍した仏師・高村光雲の作

DATA 來宮神社
大巳貴命《おおなもちのみこと》
不詳　権現造
住 静岡県熱海市西山町43-1
交 JR東海道本線来宮駅から徒歩3分
料 無料

熱海駅 ← バス8分 ← 3 伊豆山神社 ← 徒歩15分 ← 4 熱海身代り不動尊 ← バス7分 ← 熱海駅

英雄が愛を育んだ伊豆半島随一の縁結びパワースポット

長い石段を登ってたどり着く本殿は、極彩色の彫刻で彩られています

3 13:00 伊豆山神社

いずさんじんじゃ

相模灘を見下ろす高台に鎮座しています。創建の歴史ははるか古代で、熱海温泉を代表する源泉・走り湯を神格化することから始まったと考えられています。平安時代末期には、源頼朝が戦勝祈願し、やがて平家を打倒して鎌倉幕府を樹立したことから、強い勝運を得られると評判です。また、頼朝と北条政子が逢瀬を重ねた場所でもあることから、縁結びのパワースポットとしても知られています。

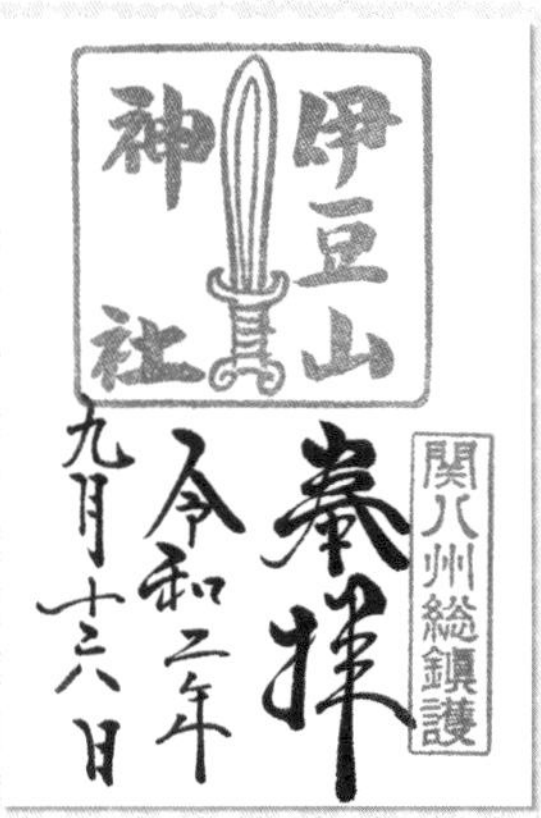

中央の字…奉拝
右の印……関八州総鎮護
中央の印…伊豆山神社

頼朝と政子が座って愛を語らったといわれる腰掛石

走り湯は全国的にも珍しい横穴式源泉で、日本三大古湯のひとつです。近くには源泉を守護する走湯神社もあります

走り湯がある海岸線から数えると石段は837段！

伊豆山神社の元宮である本宮社は、本殿の裏山に鎮座しています。山道を登ること約1時間。滑りやすい場所もあるので、トレッキングシューズを用意したほうが無難

ココだけの御朱印帳！

火を司る赤龍、水を司る白龍の力で温泉を生み出すという、力強い二龍をデザイン。1000円

ご利益おもちかえり

牛王宝印守 1000円

鎌倉時代のものと伝わる版木を用いた、伊豆山神社で一番古いお守り

強運御守 800円

赤白の龍が災いや不幸を跳ね返し、持ち主を守ってくれる魔除けのお守り

DATA 伊豆山神社

伊豆山神

不詳　流造

住 静岡県熱海市伊豆山708-1

交 JR東海道本線熱海駅から東海バス伊豆山循環で8分、伊豆山神社前下車、徒歩すぐ

料 無料

4
14:30

熱海身代り不動尊
●あたみみがわりふどうそん

神

奈川県川崎市にある真言宗醍醐派別格本山大明王院の熱海別院として建立され、主に厄除けや海上安全といった祈願を行っています。身代り不動尊は、正確には大《だい》日《にち》大《だい》聖《しょう》身代り不《ふ》動《どう》明《みょう》王《おう》。五大尊の中央に位置する仏様で、憤怒の表情とは裏腹に、慈悲の心で衆生を救ってくださるそうです。

大迫力の天井画と大胆な筆致の御朱印が魅力

鮮やかな天井画が描かれた本堂内部も見せていただけます

右の字……伊豆山
中央の字…身代り不動尊
左の字……別格本山大明王院
右の印……奉拝
中央の印…カーン(梵字)不動明王
左の印……別格本山身代不動大明王院

右の字……奉拝
中央の字…神変大菩薩
左の字……熱海身代り不動尊
右の印……六大常瑜伽
中央の印…ユ(梵字)神変大菩薩
左の印……別格本山身代不動大明王院

ココだけの御朱印帳！

修験道の開祖で、のちに神変大菩薩と呼ばれる役小角をデザイン。1500円

ご利益おもちかえり

疫病除御守
500円

疫病退散、流行病除を祈願してアマビエをデザインした新しいお守り

健康長寿御守
1000円

神変大菩薩のご加護で、いつまでも健康で長生きできるように祈願

DATA 熱海身代り不動尊
真言宗
伊豆山　大日大聖身代り不動明王
明治37年(1904)
住 静岡県熱海市伊豆山837
交 JR東海道本線熱海駅から東海バス伊豆山行きで7分、伊豆山下車、徒歩すぐ
料 無料

熱海観光も楽しもう

熱海には、人気観光スポットがたくさんあります。まずは、熱海の三大別荘といわれる起雲閣。戦後は旅館として利用され、太宰治ら多くの文豪も投宿した名建築を見学しましょう。冬に訪れるなら、熱海梅園も外せません。約4万4000㎡もの広大な園内に植えられた472本の梅が、1～3月に満開となります。1泊するなら、ぜひ熱海海上花火大会も楽しんでください。1年を通して、週末を中心に10回以上も開催されます。

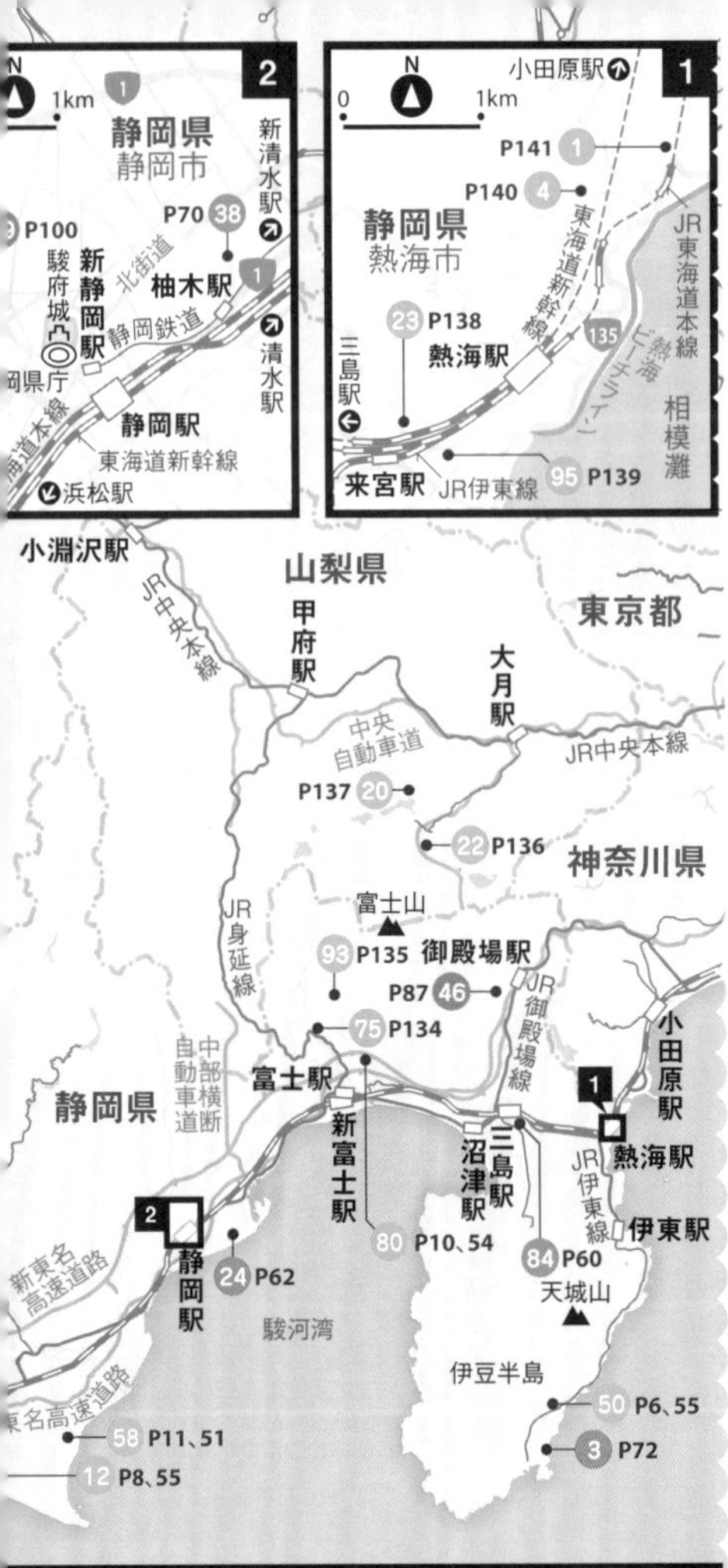

数字の色は紹介している章ごとに色分けしています　1章ほか　3章　4章　5章

さくいん
五十音順

		物件名	所在地	掲載ページ
あ	1	熱海身代り不動尊	静岡｜熱海市	141
い	2	伊賀八幡宮	愛知｜岡崎市	127
	3	伊古奈比咩命神社	静岡｜下田市	72
	4	伊豆山神社	静岡｜熱海市	140
	5	出雲福徳神社	岐阜｜中津川市	91
	6	伊勢神宮 外宮（豊受大神宮）	三重｜伊勢市	110
	7	伊勢神宮 内宮（皇大神宮）	三重｜伊勢市	112
	8	伊奈波神社	岐阜｜岐阜市	130
	9	伊奴神社	愛知｜名古屋市	44
	10	岩戸弘法弘峰寺	岐阜｜岐阜市	42
う	11	上地八幡宮	愛知｜岡崎市	92
え	12	永福寺	静岡｜掛川市	8･55
	13	永保寺	岐阜｜多治見市	74
お	14	大縣神社	愛知｜犬山市	125
	15	小國神社	静岡｜森町	87
	16	尾張高野山 岩屋寺	愛知｜南知多町	48
か	17	加佐登神社	三重｜鈴鹿市	97
	18	橿森神社	岐阜｜岐阜市	133
	19	加納天満宮	岐阜｜岐阜市	93
	20	河口浅間神社	山梨｜富士河口湖町	137
	21	甘南美寺	岐阜｜山県市	53
き	22	北口本宮冨士浅間神社	山梨｜富士吉田市	136
	23	來宮神社	静岡｜熱海市	138
く	24	久能山東照宮	静岡｜静岡市	62
	25	熊野那智大社	和歌山｜那智勝浦町	118
	26	熊野速玉大社	和歌山｜新宮市	120
	27	熊野本宮大社	和歌山｜田辺市	116
け	28	華厳寺	岐阜｜揖斐川町	68
こ	29	頭之宮四方神社	三重｜大紀町	94
	30	金神社	岐阜｜岐阜市	132
	31	護国之寺	岐阜｜岐阜市	16･50
	32	金剛證寺	三重｜伊勢市	115
	33	金蓮寺	愛知｜西尾市	41
さ	34	桜天神社	愛知｜名古屋市	95
	35	猿田彦神社	三重｜伊勢市	114
	36	三光稲荷神社	愛知｜犬山市	122
し	37	慈恩禅寺	岐阜｜郡上市	71
	38	静岡縣護國神社	静岡｜静岡市	70
	39	静岡浅間神社	静岡｜静岡市	100
	40	寂光院	愛知｜犬山市	124
	41	松應寺	愛知｜岡崎市	128
	42	松月寺	愛知｜豊田市	58
	43	正法寺	岐阜｜岐阜市	41
	44	城山八幡宮	愛知｜名古屋市	86
	45	真如寺	愛知｜蒲郡市	57･104
	46	神場山神社	静岡｜御殿場市	87
	47	神明神社	三重｜鳥羽市	103
す	48	菅生神社	愛知｜岡崎市	129